王陆807雅思词汇精讲 听力篇

IELTS

王陆 高翔 / 编著

807听力词汇是在雅思市场上最具影响力的图书之一。807词汇的提出彻底颠覆了以往英语词汇教学的概念。首先是数量概念。807更加强调高频词汇，所有的词汇都选自雅思真题。按照历年雅思考生的经验，只要掌握807听力词汇，雅思听力就不再有词汇障碍。高频词汇的提出让考生充分降低了单词背诵的工作量，在网上变得炙手可热。其次是讲解的概念。以前的词汇讲解往往是从记忆法的角度进行，而本书则从使用的角度进行。在词汇讲解部分既有场景知识，又有考试注意事项和常见问题点评，堪称一书多用。

本书的作者系雅思培训行业权威听说主讲，经验丰富，深受学生喜爱。书中全部素材源自真题实践，具有很强的实践性，是雅思考生听力冲刺的必备图书。

本书繁体中文版已授权台湾博识图书出版有限公司正式出版。

图书在版编目（CIP）数据

王陆807雅思词汇精讲. 听力篇/王陆，高翔编著. —2版. —北京：机械工业出版社，2009.1（2016.7重印）
ISBN 978-7-111-21819-7

I. 王… II. ①王…②高… III. ①英语—词汇—高等教育—自学参考资料②英语—听说教学—高等教育—自学参考资料 IV. H313

中国版本图书馆CIP数据核字（2009）第009535号

机械工业出版社（北京市百万庄大街22号 邮政编码 100037）
责任编辑：孟玉琴　　版式设计：美文苑
保定市中画美凯印刷有限公司印刷
2016年7月第2版第66次印刷
140mm×203mm・8.25印张・209千字
372501-382500册
标准书号：ISBN 978-7-111-21819-7
ISBN 978-7-89482-256-7（光盘）
定价：28.00元（附赠1MP3光盘）

凡购本书，如有缺页、倒页、脱页，由本社发行部调换

电话服务
服务咨询热线：（010）88361066
读者购书热线：（010）68326294
（010）88379203

网络服务
机工官网：www.cmpbook.com
机工官博：weibo.com/cmp1952
教育服务网：www.cmpedu.com
金书网：www.golden-book.com

一书震雅思

雅思没有词汇表，但是雅思学生常常被拦在词汇关面前。

4年前，王陆第一次给学生讲授听力词汇表，一个学生凭着她的词汇表参加雅思考试，听力得到了7分。那个学生对王陆说："Hallie，我数了一下你的词汇，一共是807个，就叫807词汇吧。"这就是807的来历。4年后，807经过翻新和发展，已经涉及听、说、读、写四个方面，成为了雅思教学的里程碑。

807为我们带来了什么？带来了雅思教学的革命。

807首次强调雅思核心词，强调"张纲举目"的词汇概念。这秉承了王陆教学一贯的精炼风格。通过掌握核心词，扫除词汇在考试中的障碍，达到适应考试的目的。这些核心词是根据历年雅思考试真题，同时结合学生的反馈总结而成的，具有非常强的实战性。因为单词数量有限，所以学生也能够快速掌握。

807进一步强化听、说、读、写的教学特点，这是王陆实战性教学的具体化。在她看来，不同的测试项目有不同的训练目的和方法。听力词汇要求学生能够准确朗读，快速反应，正确拼写。因此，听力书中列举了易混淆词和核心词不同形式的读音、雅思考试中的常见错误和真题中的各类场景；口语词汇要求学生能够正确朗读，并强调选记词汇，做到有的放矢；阅读词汇强调识读，因此可在掌握核心词的基础上通过词汇记忆法，进一步扩充词汇量；写作强调正确拼写和正确使用，所以不仅有单词讲解，而且有拓展词组和例句。

807不仅仅是词汇书，也是机经和答案的结合。这贯穿了王陆高效学习的教学理念。由于书中的所有素材都来自雅思考试，并且配合答案，学生背单词的过程就是全方位复习考试的过程。

就是这样一套书，让众说纷纭的记忆法平息了下来，因为这套书用最简洁和直接的方式解决了沉重的单词负担，缩短了漫长的复习过程！

就是这样一套书，在无忧雅思网的下载榜上，几年来一直名列前茅。无数人在找，无数人在学。在它问世的当天就已经注定了它的不平凡。

我和王陆是亲密无间的合作伙伴，也是无话不谈的真挚朋友。她是一个不断进取的人，看到她每年一个台阶一个台阶地进步，我感到无比喜悦和骄傲！感谢她给我这样一个机会，仅以此文代序。

吕 蕾

王陆的道与807的根

任何一个人都是不平凡的，假如他/她的生活充满了向上的内容。王陆就是这样的一个能人。

对于IELTS考试来说，王陆象征着权威。从王陆将无限的个人激情投入到英语教学的那天起，中国的IELTS考试中就出现了一个特别的师者，虽然中国的IELTS教学中从来不缺少师者。然而师者与师者是不同的。有的师者象征着一种学术造诣的深厚，有的师者是因为他们可以掀起一场场的创新。王陆的师者内涵二者皆有。

对于学生，她不仅授之以知识，更有智慧；对于学术，她不仅待之以认真，更有创新。在众多的创新中，807词汇是最具意味的一个。

对于IELTS听力来说，807意味着精华。从王陆将无数的听力词汇凝练为807个单词的那天起，中国的IELTS考试中就出现了一个冠顶的奇迹，虽然中国的IELTS教学中从来不缺少奇迹。然而奇迹与奇迹是不同的。有的奇迹意味着一种无可超越的巅峰，有的奇迹是因为它们可以引发一连串的奇迹。王陆的807词汇兼顾二者。

国内的IELTS听力教学法是有它的进化论的。从最初的场景教学法，到后来的定位听力法，中国的师者一直在探寻升腾。最初的807词汇在众多名师的眼睛里是微不足道的，因为大家都不相信这薄薄的小册子在繁杂的IELTS听力考试面前能有何作用。然而，中国考生IELTS听力成绩的大幅度提高最终证明了一切！

不求名、不求虚，唯求实是王陆的道！不求高、不求深，只求用就是807的根。

最初的807听力只有一本书，后来吕蕾女士建议以同样的思维开发阅读、口语和写作，就成为了今天一套完整的807词汇。

这是一项浩大的工程，饱含了很多人的心血！在本书的编写过程中，我、刘洋、马龙、车玲、裘杨、马俊哲、李炳军、钟一、刘钰、李国禧、Emily、郭小婉、厉洁、满金麒、宋丽、牛振芳、程云云、张靖娴、蒋庆华也参与了资料收集及部分编写工作，在此一并致谢。

马 良

目录

学术场景词汇

学科名称

注意：如果出现在专业学科中，这些词组每个单词首字母要大写。

WORD LIST			
major	*n.* 专业	discipline	*n.* 纪律，学科
anthropology	*n.* 人类学	linguistics	*n.* 语言学
physiology	*n.* 生理学	psychology	*n.* 心理学
mining	*n.* 采矿	physical	*adj.* 身体的
physics	*n.* 物理学	fine	*adj.* 好的
arts	*n.* 文科	science	*n.* 科学，理科
politics	*n.* 政治	philosophy	*n.* 哲学
geography	*n.* 地理	photojournalism	*n.* 摄影新闻学
history	*n.* 历史	astronomy	*n.* 天文学
media	*n.* 媒体	language	*n.* 语言
applied	*adj.* 应用的	environment	*n.* 环境
chemistry	*n.* 化学	management	*n.* 管理
statistics	*n.* 统计学	archaeological	*adj.* 考古学的
accountancy	*n.* 会计学	biology	*n.* 生物学
computer	*n.* 电脑	literature	*n.* 文学
sociology	*n.* 社会学	engineering	*n.* 工程学
architecture	*n.* 建筑学	business	*n.* 商务
law	*n.* 法学	economics	*n.* 经济学
finance	*n.* 金融学	banking	*n.* 银行学

major ['meɪdʒə(r)] *n.* 专业

Tips: 雅思真题中出现过subject，也代表专业。

discipline ['dɪsɪplɪn] *n.* 纪律，学科

anthropology [ˌænθrə'pɒlədʒɪ] *n.* 人类学

linguistics [lɪŋ'gwɪstɪks] *n.* 语言学

Tips: 不能缺少s。

physiology [ˌfɪzɪ'ɒlədʒɪ] *n.* 生理学

psychology [saɪ'kɒlədʒɪ] *n.* 心理学

机经词汇 psychologist [saɪ'kɒlədʒɪst] *n.* 心理学家
psychological [ˌsaɪkə'lɒdʒɪkl] *adj.* 心理的
psychological patients 心理有病的人
psychological course 心理课
psycholinguistics [ˌsaɪkəʊlɪŋ'gwɪstɪks] *n.* 心理语言学

mining ['maɪnɪŋ] *n.* 采矿

机经词汇 mining industry 采矿业

physical ['fɪzɪkl] *adj.* 身体的

机经词汇 physical education=PE 体育课

physics ['fɪzɪks] *n.* 物理学

fine [faɪn] *adj.* 好的

arts [ɑːts] *n.* 文科

机经词汇 fine arts 美术

science ['saɪəns] *n.* 科学，理科

机经词汇 School of Arts and Sciences 文理学院

Tips: 文科用“arts”表示，注意这个词要用复数。

life science 生命科学

politics ['pɒlətɪks] *n.* 政治

philosophy [fɪ'lɒsəfɪ] *n.* 哲学

geography [dʒɪ'ɒgrəfɪ] *n.* 地理

机经词汇 geographical [,dʒiːə'græfɪkl] *adj.* 地理学的

geographic location 地理位置

photojournalism ['fəʊtəʊ'dʒɜːnəlɪzəm] *n.* 摄影新闻学

history ['hɪstrɪ] *n.* 历史

机经词汇 local history 当地历史

medical history 病史

economic history 经济学史

historian [hɪs'tɒːrɪən] *n.* 历史学家

historical [hɪs'tɒrɪkl] *adj.* 历史的

astronomy [ə'strɒnəmɪ] *n.* 天文学

机经词汇 astrology [ə'strɒlədʒɪ] *n.* 占星术

media ['miːdɪə] *n.* 媒体

机经词汇 mass media 大众传媒（一种专业）

media room 多媒体房间

media center 媒体中心

media studies 媒体研究

language ['læŋgwɪdʒ] *n.* 语言

机经词汇 Modern Languages 现代语言（真题中一个建筑物的名称）

applied [ə'plaɪd] *adj.* 应用的

机经词汇 applied mathematics 应用数学

applied science 应用科学

environment [ɪn'vaɪərənmənt] *n.* 环境

机经词汇 environmental [ɪn,vaɪərən'mentl] *adj.* 环境的

environmental studies 环境学

respect the local environment 保护当地环境

environmentally-friendly 环保

environmental science 环境科学

chemistry ['kemɪstrɪ] *n.* 化学

机经词汇 in chemistry lab 在化学实验室

management ['mænɪdʒmənt] *n.* 管理

机经词汇 time management 时间管理课

money management 理财课

stress management 压力管理课

bad management 管理不善

statistics [stə'tɪstɪks] *n.* 统计学

Tips: 这个词在学术场景经常出现，一定要会拼写！是做科学研究的时候使用的数据分析方法。

archaeological [,ɑːkɪə'lɒdʒɪkl] *adj.* 考古学的

机经词汇 archaeology *n.* 考古学

accountancy [ə'kaʊntənsɪ] *n.* 会计学

机经词汇 accounting [ə'kaʊntɪŋ] *n.* 会计学

biology [baɪ'ɒlədʒɪ] *n.* 生物学

机经词汇 biologist [baɪ'ɒlədʒɪst] *n.* 生物学家

microbiology [,maɪkrəʊbaɪ'ɒlədʒɪ] *n.* 微生物学

biological [ˌbaɪəˈlɒdʒɪkl] *adj.* 生物的

computer [kəmˈpjuːtə(r)] *n.* 电脑

复数 computers [kəmˈpjuːtə(r)z]

Tips: 这是专业的名称，雅思中常用computing。《剑1》中第2套题的"section 1"中有这样的对话：

A: What are you studying?
B: I am doing a Bachelor of Computing.

literature [ˈlɪtrətʃə(r)] *n.* 文学

sociology [ˌsəʊsɪˈɒlədʒɪ] *n.* 社会学

engineering [ˌendʒɪˈnɪərɪŋ] *n.* 工程学

architecture [ˈɑːkɪtektʃə(r)] *n.* 建筑学

business [ˈbɪznɪs] *n.* 商务

law [lɔː] *n.* 法学

economics [ˌiːkəˈnɒmɪkəs] *n.* 经济学

机经词汇 economy [ɪˈkɒnəmɪ] *n.* 经济

economic [ɪkəˈnɒmɪk] *adj.* 经济的

finance [ˈfaɪnæns] *n.* 金融学

banking [ˈbæŋkɪŋ] *n.* 银行学

课程

WORD LIST	
orientation *n.* 新生入学教育会	welcome package 入学或旅游时收到的欢迎辞
register *v.* 注册	enroll *n.* 报名
curriculum *n.* 课程	semester *n.* 学期
term *n.* 学期，术语	assignment *n.* 作业
session *n.* 课程，时间	virtual *adj.* 虚拟的
test *n.* & *v.* 测试	course *n.* 课程
study *v.* 学习 *n.* 书房	intensive *adj.* 强化的
practice *n.* 练习	email *n.* 电邮
lecture *n.* 授课	tutorial *n.* 小组讨论
seminar *n.* 学术研讨会	assessment *n.* 学习考核
attendance *n.* 出勤率	exam *n.* 考试
failure *n.* 失败	mark *n.* 分数
grade *n.* 年级，成绩	score *n.* 分数
record *n.* 记录，唱片，学习成绩	resit *v.* 重考
note *n.* 笔记	rate *n.* 比例
group *n.* 群体，团队，小组	office *n.* 办公室
parental teaching 父母的教育	class *n.* 班级
reception *n.* 招待会，接待处	goal *n.* 目标
tape *n.* 磁带	video *n.* 录像
plus *prep.* 加	level *n.* 水平，程度
beginning *n.* 开始，初级	beginner *n.* 初始者
fundamental *adj.* 基本的，基础的	elementary *adj.* 初级的

advanced *adj.* 先进的，高级的	mid *adj.* 中间的
discussion *n.* 讨论	stress *n.* 重音，压力
unemployment *n.* 失业	surroundings *n.* 环境
powerlessness *n.* 无力感	too much work 工作负荷大
coping with stress （如何）缓解压力	diet *n.* 饮食
take regular exercise 定期运动	make plans 制定计划
set money aside 存钱	do training courses 上培训课
open admission 免试入学制	cassette *n.* 磁带
recording *n.* 录音	deadline *n.* 最后期限
dropout *n.* 辍学	cramming *n.* 填鸭式教学
feedback *n.* 反馈	videotape *n.* 录像带
hit *n.* 引人注意的东西，技巧	examination *n.* 考试
diploma *n.* 毕业证书	Nursing Diploma 护理毕业证
workshop *n.* 工作室	panic *n.* 恐惧
teaching *n.* 教学	president *n.* 总统，校长，总裁
headmaster *n.* 校长	director *n.* 主管，导演
scientist *n.* 科学家	secretary *n.* 秘书
administrator *n.* 管理者	professor *n.* 教授
officer *n.* 军官	teacher *n.* 教师
tutor *n.* 辅导教师，辅导员，导师	lecturer *n.* 授课教师
adviser *n.* 指导老师	historian *n.* 历史学家
supervisor *n.* 导师	receptionist *n.* 接待员
chancellor *n.* 校长（大学）	assistant *n.* 助手
senior adviser 资深督导师	

orientation [ˌɔːrɪən'teɪʃn] *n.* 新生入学教育会

Tips: 基本包括以下内容：

环境	surroundings
学校历史	history of school
老师和院系情况	teachers and faculty
成就	achievements
主要建筑的位置及其功能	buildings, their functions and places
文化	culture
规章制度	rules and regulations
如何解决问题	problem-solving

welcome package 入学或旅游时收到的欢迎辞

register ['redʒɪstə(r)] *v.* 注册

enroll [ɪn'rəʊl] *n.* 报名

机经词汇 enrollment [ɪn'rəʊlmənt] *n.* 报名

enrollment fee 报名费

curriculum [kə'rɪkjʊləm] *n.* 课程

Tips: “CV（curriculum vitae)”和“resume”的意思一样，表示“个人简历”。

机经词汇 extra-curriculum 课外

semester [sɪ'mestə(r)] *n.* 学期

term [tɜːm] *n.* 学期，术语

复数 terms [tɜːmz]

Tips: 雅思考试中有个术语是technical vocabulary=term

机经词汇 end of term 学期末

half term 学期中

Tips: 还有一个词表示“学期”就是semester，这个词在北美比较常用。另外一个词表示“三个月，学期”就是trimester。

assignment [ə'saɪnmənt] *n.* 作业

注释 学生在国外的评分（assessment）一般包括三类：考试（exam）、作业（assignment）和论文陈述（presentation），其中作业包括论文（essay）和案例（project）。

session ['seʃn] *n.* 课程，时间

机经词汇 reading session 阅读课

virtual ['vɜːtʃʊəl] *adj.* 虚拟的

机经词汇 virtual learning 电脑学习

test [test] *n.* & *v.* 测试

复数 tests [tests]

course [kɔːs] *n.* 课程

复数 courses ['kɔːsɪz]

机经词汇 advanced course 高级课程（注意d）

intermediate course 中级课程

beginning course 入门课程

basic course 基础课

compulsory course 必修课

obligatory course 必修课

required course 必修课

intensive course 强化课

optional course 选修课

psychological course 心理课

refresher course 进修课

specialized course 专业课

survival course 生存课程

study ['stʌdɪ] *v.* 学习 *n.* 书房

复数 studies ['stʌdɪz]

机经词汇 study club 学习小组

intensive study 集中学习

Tips: 这个词一定要注意，如果是门学科，肯定要用复数，即使没有听到，也要写复数。

机经词汇 environmental studies 环境研究

media studies 媒体研究

business studies 商业研究

Advanced English Studies 高级英语研究

case studies 案例研究

study aids 教具

Asian studies 亚洲研究

Oriental studies 东方研究

intensive [ɪn'tensɪv] *adj.* 强化的

机经词汇 intensive course 强化课

practice ['præktɪs] *n.* 练习

机经词汇 general English practice 普通英语练习

email ['iːmeɪl] *n.* 电邮

机经词汇 attachment *n.* 附件

email attachment 电邮附件

email account 电邮账号

email address 电子邮件

lecture ['lektʃə(r)] *n.* 授课

Tips: 在国外，教师给学生上课就用这个词。

tutorial [tjuː'tɔːrɪəl] *n.* 小组讨论

复数 tutorials [tjuː'tɔːrɪəlz]

seminar ['semɪnɑː(r)] *n.* 学术研讨会

Tips: seminar 指学术研讨会，通常请相关领域的名人参与，这个词在雅思考试中的发音比较怪，升调，要注意。

介绍一下国外的课程形式。

lecture是很多同学在一起上课，和中国的主要教学方式一样。lecturer是讲课的老师，lecturee是听课的学生。（好多同学接触这个词的第一个意思是“演讲”，其实“演讲”这个意思并不经常用这个词来表达，常用speech）。

tutorial是由导师带领的小组讨论，每组2~5个人，大家轮流发言。关于tutorial这个词存在一个发音问题：tu放在一起的词，如tutor，tube和Tuesday。第一个音节不要读成[tjuː]，即使音标是这么写的，也要读成 [tʃjuː]。另外during，duke的第一个音节读成[dʒjuː]，不是[djʊ]。

field trip是实习，这个词组非常重要，有时也用field work。

assessment [ə'sesmənt] *n.* 学习考核

机经词汇 assessment methods 评估方法

Tips: “evaluation”也是评估的意思，但“assessment”是对教材的评估，包括“course and materials”。“assessment of patients”是对病人的评估。

此外，评估方法还包括开卷考试（open-book exam）、闭卷考试（close-book exam）、论文（paper）和出勤率（attendance）。

attendance [ə'tendəns] *n.* 出勤率

Tips: 这个词在雅思考试中发音比较怪，要注意。

exam [ɪg'zæm] *n.* 考试

复数 exams [ɪg'zæmz]

机经词汇 open-book exam 开卷考试

close-book exam 闭卷考试

examination [ɪg,zæmɪ'neɪʃn] *n.* 考试

failure ['feɪljə(r)] *n.* 失败

机经词汇 failure rate 不及格率

mark [mɑːk] *n.* 分数

复数 marks [mɑːks]

grade [greɪd] *n.* 年级，成绩

复数 grades [greɪdz]

score [skɔː(r)] *n.* 分数

复数 scores [skɔː(r)z]

record ['rekɔːd] *n.* 记录，唱片，学习成绩

复数 records ['rekɔːdz]

Tips: 一共有三种读音：['rekɔːd, 'rekəd, rɪ'kɔːd]。

resit [riː'sɪt] *v.* 重考

Tips: 考试不及格就要重考，重考是付费的。

note [nəʊt] *n.* 笔记

复数 notes [nəʊts]

机经词汇 take notes 记笔记

note-taking 记笔记

Tips: 这个词组的发音很像no taking，一定要注意。

rate [reɪt] *n.* 比例

机经词汇 drop-out rate 辍学率

group [gruːp] *n.* 群体，团队，小组

复数 groups [gruːps]

机经词汇 group discussion 小组讨论

office ['ɒfɪs] *n.* 办公室

机经词汇 admission office 招生办公室

parental teaching 父母的教育

机经词汇 teaching hours 学时

class [klɑːs] *n.* 班级

复数 classes ['klɑːsɪz]

reception [rɪ'sepʃn] *n.* 招待会，接待处

机经词汇 reception center 接待处
reception desk 接待处

goal [gəʊl] *n.* 目标

复数 goals [gəʊlz]

tape [teɪp] *n.* 磁带

机经词汇 cassette [kə'set] *n.* 磁带

Tips: 这两个单词意思相同。

video ['vɪdɪəʊ] *n.* 录像

复数 videos ['vɪdɪəʊz]

机经词汇 information video 介绍内容的录像
video recording 录像
videotape ['vɪdɪəʊteɪp] *n.* 录像带

videotape editor 录像编辑

plus [plʌs] *prep.* 加

Tips: 评分的等级A+，就是A plus。在学校有A +、A、B+、B 等成绩。这个词要注意发音。

level ['levl] *n.* 水平，程度

复数 levels ['levlz]

机经词汇 different levels 不同水平

beginning [bɪ'gɪnɪŋ] *n.* 开始，初级

Tips: 注意这个单词双写n。

机经词汇 intermediate [ˌɪntə'miːdɪət] *adj.* 中级的

advanced [əd'vɑːnsd] *adj.* 高级的

Tips: advanced这个单词千万要写词尾的字母d。

beginner [bɪ'gɪnə] *n.* 初始者

复数 beginners [bɪ'gɪnəz]

fundamental [ˌfʌndə'mentl] *adj.* 基本的，基础的

elementary [ˌelɪ'mentrɪ] *adj.* 初级的

advanced [əd'vɑːnsɪd] *adj.* 先进的，高级的

Tips: 雅思真题中有这样一个词组advanced English studies（高级英语研究）。这个词组要注意两个问题。第一，studies是复数；第二，advanced 的"d"很难听出来。考生应该知道这个地方是形容词的形式。同理还有advanced degree。针对这种情况，一方面靠经验，另一方面靠细心。

mid [mɪd] *adj.* 中间的

机经词汇 mid-morning（或者midmorning）上午10 点左右

midnight 午夜

midday（mid-day）中午
mid-autumn festival 中秋节
mid-term 期中
mid-semester 学期中
mid-range 中间范围

discussion [dɪs'kʌʃn] *n.* 讨论

机经词汇 discuss [dɪs'kʌs] *v.* 讨论

stress [stres] *n.* 重音，压力

机经词汇 stress levels 压力程度
stress management 对压力的管理
stressful ['stresfl] *adj.* 压力的
possible causes of stress 压力来源

Tips：雅思考试的压力主要来源于：social problems（社会问题）、financial problems（经济问题）和academic problems（学习问题），另外，还需要掌握的词汇有：powerlessness（无力感）、too much work（工作负荷大）和coping with stress（如何缓解压力）。

unemployment [ˌʌnɪm'plɔɪmənt] *n.* 失业

机经词汇 fear of unemployment 担心失业

surroundings [sə'raʊndɪŋz] *n.* 环境

机经词汇 physical surroundings 周边环境

diet ['daɪət] *n.* 饮食

机经词汇 unhealthy diet 不健康饮食
vary one's diet 改变饮食
a balanced diet 均衡饮食

take regular exercise 定期运动

make plans 制定计划

set money aside 存钱

do training courses 上培训课

open admission 免试入学制

cassette [kə'set] *n.* 磁带

机经词汇 cassette recorder 录音机
tape recorder 录音机

recording [rɪ'kɔːdɪŋ] *n.* 录音

机经词汇 recorder [rɪ'kɔːdə(r)] *n.* 录音机
tape recorder = cassette recorder 卡带式录音机

deadline ['dedlaɪn] *n.* 最后期限

机经词汇 cannot meet the deadline 不能在最后期限内完成
distant deadline 离最后期限还有段时间

dropout [drɒp'aʊt] *n.* 辍学

机经词汇 dropout rate 辍学率

cramming ['kræmɪŋ] *n.* 填鸭式教学

feedback ['fiːdbæk] *n.* 反馈

复数 feedbacks ['fiːdbæks]

机经词汇 get feedbacks 获得反馈

videotape ['vɪdɪəʊteɪp] *n.* 录像带

机经词汇 videotape editor 录像编辑

hit [hɪt] *n.* 引人注意的东西，技巧

复数 hits [hɪts]

机经词汇 reading hits 阅读技巧

examination [ɪg,zæmɪ'neɪʃn] *n.* 考试

diploma [dɪ'pləʊmə] *n.* 毕业证书

机经词汇 Nursing Diploma 护理毕业证

workshop ['wɜːkʃɒp] *n.* 工作室

复数 workshops ['wɜːkʃɒps]

Tips: 这个词不能分开写。

panic ['pænɪk] *n.* 恐惧

Tips: 填鸭式复习（cramming）带来的坏处就是增加恐惧心理（added panic）。

teaching ['tiːtʃɪŋ] *n.* 教学

机经词汇 teaching syllabus 教学大纲
teaching method 教学法
teaching staff 教学人员
academic teaching staff 教学人员，教职员工

president ['prezɪdənt] *n.* 总统，校长（大学，美式），总裁

headmaster [hed'mɑːstə(r)] *n.* 校长（高中以下，英式）

director [dɪ'rektə(r)] *n.* 主管，导演

机经词汇 course director 课程主管

scientist ['saɪəntɪst] *n.* 科学家

复数 scientists ['saɪəntɪsts]

secretary ['sekrətrɪ] *n.* 秘书

administrator [əd'mɪnɪstreɪtə(r)] *n.* 管理者

复数 administrators [əd'mɪnɪstreɪtə(r)z]

机经词汇 administrate [əd'mɪnɪstreɪt] *v.* 管理支配

professor [prə'fesə(r)] *n.* 教授

复数 professors [prə'fesə(r)z]

机经词汇 associate professor 副教授

assistant professor 助教

officer ['ɒfɪsə(r)] *n.* 军官

机经词汇 education officer 教育官员

teacher ['tiːtʃə] *n.* 教师

复数 teachers ['tiːtʃəz]

tutor ['tjuːtə(r)] *n.* 辅导教师，辅导员，导师

复数 tutors ['tjuːtə(r)z]

lecturer ['lektʃərə(r)] *n.* 授课教师

复数 lecturers ['lektʃərə(r)z]

Tips: 所有教课的老师都是lecturer，包括：professor（教授），associate professor（副教授），instructor（讲师）和assistant professor（助教）等。

adviser [əd'vaɪzə] *n.* 指导老师

Tips: 也可以拼成advisor。

historian [hɪ'stɔːrɪən] *n.* 历史学家

supervisor ['suːpəvaɪzə] *n.* 导师

Tips: 也可以拼成superviser。

机经词汇 supervise ['suːpəvaɪz] *v.* 监督

receptionist ['rɪsepʃənɪst] *n.* 接待员

机经词汇 reception area 接待处

chancellor ['tʃɑːnsələ(r)] *n.* 校长（大学，英式）

Tips: 这是英国的说法，美国常用president代表大学校长。

机经词汇 headmaster（英）高中以下学校校长

principal（美）高中以下学校校长

assistant [ə'sɪstənt] *n.* 助手

机经词汇 TA (Teaching Assistant) 助教

office assistant 办公室助手

shop assistant 售货员

RA (research assistant) 研究助理

senior advisor 资深督导师

机经词汇 senior staff 高级员工

论文词汇

WORD LIST			
paper	n. 报纸，论文	approach	n. 方法，接近
content	n. 内容	abstract	n. 摘要
project	n. 工程，研究课题，项目	revision	n. 修改
extensive	adj. 广泛的	subject	n. 主题，学科
survey	n. 测量，调查	research	n. 研究，科研
reading	n. 阅读	data	n. 数据（复数）
draft	n. 草稿	ambition	n. 野心，抱负
well-organised	论文结构组织得很好	subtopics	n. 小标题
questionnaire	n. 问卷	interview	n. & v. 面试，采访
respondent	n. 被调查者的总称	literature	n. 文学
conclusion	n. 结论	random	adj. 随机的
index	n. 索引	topic	n. 话题
presentation	n. 学生在国外课上作的演讲	background	n. 背景
example	n. 例子	training	n. 培训
laser	n. 激光	printing	n. 打印
area	n. 地区，部分	chapter	n. 章节
case study	个案分析	report	n. 报告
method	n. 方法	title	n. 标题
approach	n. 方法，接近	theory	n. 理论
whiteboard	n. 白板	aid	n. 帮助
overhead	adj. 头上的	objective	n. 目标

visual *adj.* 视觉的	finding *n.* 发现
faculty *n.* 系	heading *n.* 标题
subtitle *n.* 小标题，字幕	observation *n.* 观察
strategy *n.* 策略	outline *n.* 提纲
script *n.* 手稿	summary *n.* 摘要
scientific *adj.* 科学的	reference *n.* 参考书目，证明人
review *n.* 评论 *vt.* 复习	analysis *n.* 分析

paper ['peɪpə(r)] *n.* 报纸，论文

复数 papers ['peɪpə(r)z]

机经词汇 essay ['eseɪ] *n.* 论文

essay plans 论文计划

dissertation *n.* 学位论文

thesis *n.* 主题，学位论文

abstract ['æbstrækt] *n.* 摘要

content [kən'tent] *n.* 内容

复数 contents [kən'tents]

bibliography [ˌbɪblɪ'ɒgrəfɪ] *n.* 参考书目

机经词汇 reference books 参考书目

project ['prɒdʒekt] *n.* 工程，研究课题，项目

复数 projects ['prɒdʒekts]

机经词汇 project outline 项目大纲

project work 项目

theme of project 项目主题

starter project 初始项目

video project 录像作业

project background 项目背景

revision [rɪ'vɪʒn] *n.* 修改

机经词汇 revise [rɪ'vaɪz] *v.* 修改

extensive [ɪk'stensɪv] *adj.* 广泛的

机经词汇 extensive writing 大量的写作

subject ['sʌbdʒɪkt] *n.* 主题，学科

复数 subjects ['sʌbdʒɪkts]

机经词汇 subject access guide 主题索引

survey [sə'veɪ] *n.* 测量，调查

Tips: 与research有时可以互换。

survey of reading 阅读习惯调查

Tips: 雅思考试中，survey常和research、project在一起。

research [rɪ'sɜːtʃ] *n.* 研究，科研

Tips: 这个单词有两种读音，重音在前、在后都可以。

机经词汇 research opportunities 科研机会

research assistant 助理研究员

research methods 科研方法

reading ['riːdɪŋ] *n.* 阅读

Tips: 学生在写论文前，必须做广泛的阅读（wide reading）。

data ['deɪtə] *n.* 数据（复数）

Tips: 在雅思考试中有苏格兰口音，读作['dɑːtə]，听起来类似于汉语的“打他”。

机经词汇 analyse data 分析数据

data analysis 数据分析

data assessment 数据评估

draft [drɑːft] *n.* 草稿

复数 drafts [drɑːfts]

机经词汇 exchange draft 交换草稿

ambition [æmˈbɪʃn] *n.* 野心，抱负

复数 ambitious [æmˈbɪʃəs] *adj.* 极富野心的

Tips: ambitious这个词在国外指论文定的题目太大，是教授常用的单词，也可以用wide ranging表示。

well-organised 论文结构组织很好

subtopics *n.* 小标题

机经词汇 title [ˈtaɪtl] *n.* 标题，题目

subtitle [ˈsʌbtaɪtl] *n.* 副标题，电影对白中的字幕

questionnaire [ˌkwestʃəˈneə(r)] *n.* 问卷

Tips: 注意双写n。

interview [ˈɪntəvjuː] *n.* & *v.* 面试，采访

复数 interviews [ˈɪntəvjuːz]

机经词汇 interviewer 面试官，考官

interviewee 参加面试的人，考生

job interview 求职面试

face-to-face interview 面对面采访

Tips: 在雅思听力考试中有这样的场景：老师让学生做调研（research）。收集数据有三种常见的方法：采访（interview）、实地观察（observation）和问卷调查（questionnaire）。在这三种方法中，实地观察（observation）收到的数据是最真实的。

respondent [rɪˈspɒndənt] *n.* 受采访者，调查对象

复数 respondents [rɪˈspɒndənts]

literature ['lɪtrətʃə(r)] *n.* 文学

机经词汇 review of literature 文献综述

Tips: 指论文中对前人的研究进行总结。

conclusion [kən'klu:ʒn] *n.* 结论

机经词汇 draw a conclusion 得出结论

random ['rændəm] *adj.* 随机的

机经词汇 random selection 随机选取

index ['ɪndeks] *n.* 索引

topic ['tɒpɪk] *n.* 话题

复数 topics ['tɒpɪks]

Tips: 雅思考试中常指论文的题目。

presentation [ˌprezn'teɪʃn] *n.* 学生在国外课上作的演讲

机经词汇 slide presentation 幻灯演讲

Tips: 测试有多种形式，包括：paper（论文撰写部分）、presentation skills（陈述部分）和answer questions（也叫oral defence，就是回答问题部分，也称作答辩）。

background ['bækgraʊnd] *n.* 背景

机经词汇 theoretical background 理论背景

example [ɪg'zɑ:mpl] *n.* 例子

复数 examples [ɪg'zɑ:mplz]

training ['treɪnɪŋ] *n.* 培训

机经词汇 train [treɪn] *v.* 培训

laser ['leɪzə(r)] *n.* 激光

printing ['prɪntɪŋ] *n.* 打印

机经词汇 laser printing 激光打印

area ['eərɪə] *n.* 地区，部分

Tips: 论文最后部分要列出area for improvement（有待提高的方面）。

chapter ['tʃæptə(r)] *n.* 章节

复数 chapters ['tʃæptə(r)z]

机经词汇 theory chapters 理论章节

case study 个案分析

report [rɪ'pɔːt] *n.* 报告

report 构成	
引言 introduction	包括用常识（common sense）作出的假设（hypothesis）
文献综述 review of literature	要采用前人的研究（previous studies）和理论背景（theoretical background）或理论架构（theoretical framework）
调查研究 survey conducted	先要确定研究对象（subjects）和搜集数据的方式（research methods）。这种研究包括：问卷调查（questionnaire）、实地观察（observation）和采访（interview）
研究结果 research findings	应客观、真实、准确
作出结论 conclusion	最好还要有论文的局限（limitations）或者调查中的不足之处（area for improvement）
参考书目 reference或bibliography	有规范化的书写格式

method ['meθəd] *n.* 方法

复数 methods ['meθədz]

机经词汇 field method 土地作业方式
general method 常规方法
therapy method 治疗方法
teaching method 教学法
selection method 选择方法
assessment method 评估方法
research method 研究方法
treatment method 治疗方法
payment method 付款方式

title ['taɪtl] *n.* 标题

机经词汇 title of essay 论文标题

approach [ə'prəʊtʃ] *n.* 方法，接近

Tips: strategy, technique, tip和method 都有“技巧，方法”的意思。

机经词汇 research approach 研究方法
key approach 主要方法

Tips: appointment, approach, approximate都要双写p，而apartment无须双写。下面是真题中的原句：Lecturers are easier to approach than in her home country.

theory ['θɪərɪ] *n.* 理论

机经词汇 theoretical [ˌθɪə'retɪkl] *adj.* 理论的，理论上的
theory chapters 理论章节

机经词汇 theoretical background 理论背景

whiteboard ['waɪtbɔːd] *n.* 白板

aid [eɪd] *n.* 帮助

复数 aids [eɪdz]

机经词汇 visual aids 视觉辅助

study aids 教具

Tips: 有个比较经典的题，关于visual aids（视觉辅助）和OHP（overhead projector 投影仪）。在同学作演讲（presentation）的时候可能曾考过whiteboard（白板），OHPEN（用来在白板上写字的笔）和study aids（教具）。

overhead ['əʊvəhed] *adj.* 头上的

机经词汇 overhead view 俯视图

overhead projector = OHP 投影仪

objective [əb'dʒektɪv] *n.* 目标

复数 objectives [əb'dʒektɪvz]

机经词汇 list of objectives （写论文中）列出本文目的

work objective 工作目标

visual ['vɪʒʊəl] *adj.* 视觉的

Tips: visual aids（视觉辅助）指的是白板（whiteboard）和投影仪（OHP）。

finding ['faɪndɪŋ] *n.* 发现

机经词汇 research finding 研究结果

faculty ['fæklti] *n.* 系

Tips: 还可以用department。

heading ['hedɪŋ] *n.* 标题

机经词汇 list of headings 标题列表

subtitle 小标题，字幕

observation [,əbzə'veɪʃn] *n.* 观察

机经词汇 observe [əb'zɜːv] *v.* 观察

strategy ['strætədʒɪ] *n.* 策略

机经词汇 learning strategies 学习策略

marketing strategies 营销策略

outline ['aʊtlaɪn] *n.* 提纲

机经词汇 essay plan 提纲

mind map 提纲

Tips: 这两个词常用来替代outline。

script [skrɪpt] *n.* 手稿

机经词汇 listening tapescript 听力原文

summary ['sʌmərɪ] *n.* 摘要

机经词汇 summary report 摘要报告

summarize ['sʌməraɪz] *v.* 总结

scientific [,saɪən'tɪfɪk] *adj.* 科学的

机经词汇 scientific research 科学研究

scientific approach 科学方法

reference ['refərəns] *n.* 参考书目，证明人

机经词汇 reference books 参考书目

bibliography 参考书目

review [rɪ'vjuː] *n.* 评论 *vt.* 复习

机经词汇 review promptly 立刻复习

review of literature 文献综述

analysis [ə'næləsɪs] *n.* 分析

机经词汇 analytical [ˌænəˈlɪtkl] *adj.* 分析的

analyst [ˈænəlɪst] *n.* 分析家

Tips: 注意这几个词的重音是不同的。

图书馆词汇

	WORD LIST
library *n.* 图书馆	catalog *n.* 目录
due *n.* 应付费	renewal *n.* 更新，续借
overdue and pay a fine 过期并交罚款	out on loan 借出的
category *n.* 种类	closed reserve 只读不借的区域
circulation *n.* 循环	classification *n.* 分类
bibliography *n.* 参考书目	periodical (magazines and journals) 期刊
reserve =book in advance 预借	interlibrary service 图书馆际服务
open shelves 开架书库	close shelves 闭架书库
check out 登记并借出	delivery desk 借书台
Internet system 互联网系统	recall *v.* 回忆，要求归还某物
pink *n.* 粉色	slip *n.* 一张纸
slack *n.* 书库	circle *n.* 圆
copy *n.* 复印	card index 卡片索引

library ['laɪbrərɪ] *n.* 图书馆

复数 libraries ['laɪbrərɪz]

机经词汇 librarian [laɪ'breərɪən] *n.* 图书管理员

catalog ['kætəlɒg] *n.* 目录

机经词汇 card catalog = catalogue 卡片目录（两种拼写都可以）

due [djuː] *n.* 应付费

renewal [rɪ'njuːəl] *n.* 更新，续借

overdue and pay a fine 过期并交罚款

out on loan 借出的

category ['kætəgərɪ] *n.* 种类

closed reserve 只读不借

circulation [ˌsɜːkjʊ'leɪʃn] *n.* 循环

机经词汇 in circulation 在书库里

out circulation 已借走

not for circulation 不外借

classification [ˌklæsɪfɪ'keɪʃn] *n.* 分类

bibliography [ˌbɪblɪ'ɒgrəfɪ] *n.* 书目

periodical ['pɪərɪədɪkl] *n.* 期刊 **(=magazines and journals)**

reserve [rɪ'zɜːv] *n.* 预借（**=book in advance** ）

interlibrary service 图书馆际服务

open shelves 开架书库

close shelves 闭架书库

check out 登记并借出

delivery desk 借书台

机经词汇 circulation desk 借书台

Internet system 互联网系统

recall [rɪ'kɔːl] *v.* 回忆，要求归还某物

机经词汇 recall system 图书查询系统

recall library books 要求归还图书馆图书

pink [pɪŋk] *n.* 粉色

slip [slɪp] *n.* 一张纸

机经词汇 pink slip 代书板

Tips: 这个词常在图书馆场景中出现。此外北美还用这个词表示“解雇通知书”。

call slip 借书证

stack [stæk] *n.* 书库

复数 stacks [stæks]

机经词汇 reference stacks 书库

library card = admission card 借书卡

date slip = deadline = date of expiry 期限

circle ['sɜːkl] *n.* 圆

Tips: 在戏院（theater）场景中，提到“要坐在圆形部分（in circles）”。

copy ['kɒpɪ] *n.* 复印

机经词汇 photocopy ['fəʊtəʊkɒpɪ] *n.* 影印，复印

Tips: 这个词的复数形式是photocopies ['fəʊtəʊkɒpɪz]。

photocopies of notes 复印笔记

photocopy office 复印室

photocopy of articles 复印文章

card index 卡片索引

学生种类

WORD LIST			
classmate	n. 同学	student	n. 学生
local	adj. 当地的	freshman	n. 大一学生
sophomore	n. 大二学生	junior	n. 大三学生
senior adj. 高级的	n. 大四学生	board	n. 木板，董事会
day pupil	只是白天来上学的学生	candidate	n. 候选人，考生
representative	n. 代表	bachelor	n. 学士
applicant	n. 申请者	graduate	n. 毕业生
overseas	adj. 海外的	mature	adj. 成熟的

classmate ['klɑːsmeɪt] *n.* 同学

复数 classmates ['klɑːsmeɪts]

student ['stjuːdnt] *n.* 学生

复数 students ['stjuːdnts]

机经词汇 Student Union 学生会

resident student 当地学生

domestic student 当地学生

international student 国际学生

overseas student 国际学生

international student card 国际学生证

Tips: 这种学生证可以让学生享受很多优惠。

local ['ləʊkl] *adj.* 当地的

机经词汇 local resident 当地居民

local student 当地学生

local industry 当地工业
local school 当地学校
local history 当地历史
local shop 当地商店
local pet shop 当地宠物店

freshman ['freʃmən] *n.* 大一学生

机经词汇 first-year student 大一学生（英）

sophomore ['sɒfəmɔː(r)] *n.* 大二学生

机经词汇 second-year student 大二学生（英）

junior ['dʒuːnɪə(r)] *n.* 大三学生

机经词汇 third-year student 大三学生（英）

senior ['siːnɪə(r)] *adj.* 高级的 *n.* 大四学生

机经词汇 fourth-year student 大四学生（英）
senior manager 高级经理

board [bɔːd] *n.* 木板，董事会

Tips: 注意同音词bored [bɔː(r)d] *adj.* 厌烦的。

机经词汇 boarding school 住宿学校（常指小学和初高中）
day school 不住宿学校
boarder ['bɔːdə] *n.* 住校的学生

day pupil 只是白天来上学的学生

candidate ['kændɪdət] *n.* 候选人，考生

representative [ˌreprɪ'zentətɪv] *n.* 代表

机经词汇 student representative 学生代表

bachelor ['bætʃələ(r)] *n.* 学士

机经词汇 master ['mɑːstə(r)] *n.* 硕士

PHD 博士（Doctor of Philosophy 的缩写）

applicant ['æplɪkənt] *n.* 申请者

复数 applicants ['æplɪkənts]

graduate ['grædʒʊət] *n.* 毕业生

复数 graduates ['grædʒʊəts]

机经词汇 postgraduate [ˌpəʊst'grædʒʊət] *n.* 研究生

undergraduate [ˌʌndə'grædʒʊət] *n.* 本科生

graduation announcements 毕业典礼请柬

graduate school 研究生院 (美语用法)

overseas [ˌəʊvə'siːz] *adj.* 海外的

机经词汇 overseas students 留学生

Tips: 一定要注意词尾的s是这个词本身就带的，真题词组overseas student连读时根本听不到词尾的s，但是必须写出。

mature [mə'tjʊə(r)] *adj.* 成熟的

机经词汇 mature students 成年学生

adult students 成年学生

证书种类

WORD LIST	
degree *n.* 学位	certificate *n.* 证书
diploma *n.* 毕业证，大专文凭	

degree [dɪ'griː] *n.* 学位

机经词汇 Bachelor's degree 学士学位

Master's degree 硕士学位

Doctor's degree 博士学位

Tips: 这些词都要用所属格。

to some degree= to some extent 在某种程度上

certificate [sə'tɪfɪkət] *n.* 证书

复数 certificates [sə'tɪfɪkəts]

机经词汇 certificate of childcare 儿童护理证书

diploma [dɪ'pləʊmə] *n.* 毕业证，大专文凭

出版物

WORD LIST			
publication	n. 出版物	newsletters	n. 简报
booklet	n. 小册子	notebook	n. 笔记本
handbook	n. 手册	passage	n. 文章
textbook	n. 教材	journal	n. 学术期刊
introduction	n. 简介	handout	n. 讲义
article	n. 文章，用品	Forbes	n. 福布斯
newspaper	n. 报纸	Baked Earth	（一本书的名称）

publication [ˌpʌblɪˈkeɪʃn] *n.* 出版物

newsletters [njuːzˈletə(r)s] *n.* 简报

Tips: 这个词不可以分开写，在考试中常以复数形式出现。

booklet [ˈbʊklɪt] *n.* 小册子

机经词汇 brochure [ˈbrəʊʃə(r)] *n.* 小册子

notebook [ˈnəʊtbʊk] *n.* 笔记本

handbook [ˈhændbʊk] *n.* 手册

复数 handbooks [ˈhændbʊks]

机经词汇 instruction of handbook 手册中的要求

passage [ˈpæsɪdʒ] *n.* 文章

复数 passages [ˈpæsɪdʒɪz]

textbook [ˈtekstbʊk] *n.* 教材

机经词汇 textbook allowance 教材补贴

second hand textbooks 二手教材

journal ['dʒɜːnl] *n.* 学术期刊

Tips: 学术期刊与magazine是不一样的，还有一个词是 periodical。

introduction [ˌɪntrə'dʌkʃn] *n.* 简介

机经词汇 prospectus 招生简章，内容简介

orientation 开课前的课程简介和学习指导

handout ['hændaʊt] *n.* 讲义

article ['ɑːtɪkl] *n.* 文章，用品

复数 articles ['ɑːtɪklz]

机经词汇 sports articles 运动品

articles from journal 期刊文章

photocopies of articles 复印文章

Forbes ['fɔːbz] *n.* 福布斯

Tips: 1917年创刊的财富杂志，包括富豪排名。雅思考试中曾经考过这个单词拼写，注意首字母要大写。

newspaper ['njuːspeɪpə(r)] *n.* 报纸

复数 newspapers ['njuːspeɪpə(r)z]

Tips: 雅思听力考试中有个场景是介绍报纸的。

Baked Earth （一本书的名字）

Tips: 雅思听力考试中把前一个单词的d, 和后面的earth读在一起。

普通用词

WORD LIST			
facility	n. 设施	laptop	n. 笔记本电脑
microphone	n. 麦克风	spiral	adj. 螺旋的
narrator	n. 叙述者	education	n. 教育
educational	adj. 教育的	modern	adj. 现代的
achievement	n. 成功	sentence	n. 句子
parental	adj. 父母的	monologue	n. 独白
understanding	n. 理解	recommendation	n. 推荐
further	adj. 进一步的	information	n. 信息
noticeboard	n. 布告栏	technical	adj. 科技的
department	n. 系，商店	system	n. 系统，体系
meeting	n. 会议	conference	n. 正式会议
congress	n. 大会，议会	important	adj. 重要的
detail	n. 细节	material	n. 材料
keyword	n. 关键词	public	adj. 公共的
infrastructure	n. 基础设施	music	n. 音乐
specialized	adj. 特别的，专门的	planning	n. 计划
Oxford	n. 牛津	Cambridge	n. 剑桥
cheaper	adj. 便宜些的	full-time	全日制
list	n. 单子，列表，一览表，清单	team	n. 队伍，小组
equipment	n. 设备	culture	n. 文化
general	adj. 普通的，笼统的，泛泛的	quality	n. 质量

college	n. 学院	practical	adj. 实际的
clear	adj. 清楚的	theatre	n. 戏院，剧院
thought	n. 想法	service	n. 服务
standard	n. 标准	schedule	n. 时间表
support	n. & v. 支持	review	n. 复习
learning styles	学习方式	choice	n. 选择
higher	adj. 更高的	vocation	n. 行业，职业
profession	n. 职业	occupation	n. 职业
experiment	n. 实验	reader	n. 读者
suggestion	n. 建议	communication	n. 交流
international	adj. 国际的	issue	n. 问题
priority	n. 优先	school	n. 学校
distance	n. 距离	vocabulary	n. 词汇
common	adj. 普通的	jam	n. 堵塞
point	n. 要点，分数	field	n. 领域
prepare	v. 准备	complete	v. 完成 adj. 完全的
auditorium	n. 礼堂	break	v. 休息，破，碎 n. 休息，不遵守
daily	adj. 每日的	photo	n. 照片
aim	n. 目的	adult	n. 成人
resource	n. 资源	nursing	n. 护理
lab	n. 实验室	guidance	n. 指导
speech	n. 演讲	printed	adj. 打印出来的
book	n. 书 v. 预订	thinking	n. 思考
drama	n. 戏剧	style	n. 风格

source	n. 来源	guide	n. 导游，指导
option	n. 选择	text	n. 文章
passage	n. 一节，一段	holiday	n. 假期
institution	n. 机构	academic	adj. 学术的
university facilities	大学设施	social activities	社会活动
medium	n. 中度，媒体	signature	n. 签名
previous	adj. 原来的	solve	n. 解决
application	n. 申请，应用	survival	n. 生存
access	n. 接近，进入	mass	n. 大众
university	n. 大学	marketing	n. 市场营销
update	v. 更新	Wollongong	n. 卧龙岗
center	n. 中心	investigator	n. 调查人
similar	adj. 相似的	editor	n. 编辑
laboratory	n. 实验室	formula	n. 公式
argument	n. 论证	global	adj. 全球的，整体的
booklist	n. 书目单	lesson	n. 课程
encyclopedia	n. 百科全书	wide	adj. 广泛的
expert	n.专家	healthcare	n. 健康保健
vacation	n. 假期	techniques	n. 技术
chart	n. 图表	habit	n. 习惯
dictation	n. 听写	Trinity	n. 三一学院
oral	adj. 口语的	speaking	n. 口语
audio	adj. 声音的	monopoly	n. 垄断
enquiry	n. 咨询	description	n. 描述
royal	adj. 皇家的	submit	n. 上交，提供

headphones *n.* 耳机	special audio equipment 特别听力设备
final *adj.* 最后的 *n.* 决赛，期末考试	union *n.* 工会
close-up 特写镜头	composition *n.* 组成部分，作文
campus *n.* 校园	intelligence *n.* 智力
form *n.* 表格	ability *n.* 能力
secondary *adj.* 第二的	humans *n.* 人类
social *adj.* 社会的	rule *n.* 规则

facility [fə'sɪlətɪ] *n.* 设施

复数 facilities [fə'sɪlətɪz]

机经词汇 modern sports facilities 现代体育设施
experimental facilities 实验设施

laptop ['læptɒp] *n.* 笔记本电脑

microphone ['maɪkrəfəʊn] *n.* 麦克风

spiral ['spaɪərəl] *adj.* 螺旋的

机经词汇 spiral notebook 活页本

narrator [nə'reɪtə] *n.* 叙述者

机经词汇 narrate [nə'reɪt] *v.* 讲述，描写

education [ˌedʒʊ'keɪʃn] *n.* 教育

机经词汇 mental education 思想教育
education system 教育制度
monopoly of education 教育垄断

educational [ˌedʒʊ'keɪʃnl] *adj.* 教育的

an educational film 有教育意义的影片

modern ['mɒdn] *adj.* 现代的

机经词汇 modern management hotel 现代化管理的酒店

achievement [ə'tʃiːvmənt] *n.* 成功

机经词汇 sense of achievement 成就感

sentence ['sentəns] *n.* 句子

复数 sentences ['sentənsɪz]

parental [pə'rentl] *adj.* 父母的

机经词汇 parental teaching 父母教育

monologue ['mɒnəlɒg] *n.* 独白

understanding [ˌʌndə'stændɪŋ] *n.* 理解

机经词汇 understand [ˌʌndə'stænd] *v.* 理解

recommendation [ˌrekəmen'deɪʃn] *n.* 推荐

机经词汇 letter of recommendation 推荐信

further ['fɜːðə(r)] *adj.* 进一步的

机经词汇 further education 继续教育

information [ˌɪnfə'meɪʃn] *n.* 信息

机经词汇 information board 布告栏

information page 信息页

information desk 咨询台

student information desk 学生信息处

noticeboard ['nəʊtɪsbɔːd] *n.* 布告栏

Tips: 学生可以在布告栏中找到关于课程或其他方面的通知。英国人用noticeboard，在北美用bulletin board。

technical ['teknɪkl] *adj.* 科技的

机经词汇 technical vocabulary= jargon 术语

technical institution 技校

department [dɪ'pɑːtmənt] *n.* 系，商店

复数 departments [dɪ'pɑːtmənts]

Tips: 在英国常用faculty表示“系”，faculty-based表示“以系为单位的”。而北美则常用department 表示“系，商店”。

机经词汇 department store 商场

departmental address 系的地址

department building 系里的建筑物

departmental [ˌdiːpɑːt'mentl] *adj.* 部门的

system ['sɪstəm] *n.* 系统，体系

机经词汇 education system 教育体系

field system 土地系统

computer system 计算机系统

immune system 免疫系统

tutorial system 小组讨论系统

voting system 选举系统

meeting ['miːtɪŋ] *n.* 会议

复数 meetings ['miːtɪŋz]

conference ['kɒnfərəns] *n.* 正式会议

复数 conferences ['kɒnfərənsɪz]

机经词汇 conference reports 会议报告

story conference 故事会

congress ['kɒŋgres] *n.* 大会，议会

机经词汇 summit ['sʌmɪt] *n.* 峰会

session ['seʃn] *n.* 集会

important [ɪm'pɔːtnt] *adj.* 重要的

Tips: 表示“重要”的词有很多，包括：vital, critical, crucial, significant, key和momentous等。

detail ['diːteɪl] *n.* 细节

复数 details ['diːteɪlz]

机经词汇 detailed ['diːteɪld] *adj.* 细节的

Tips: 雅思考过sufficient details（足够多的细节），相当于particulars。在听力考试中，如果听到这个词，很可能就意味着有用的细节要出现了。在填表题里面特别容易出现上述情况。

在雅思听力考试中，我们会遇到一些特殊的词，叫做路标词。在听到这些词的时候，你就能马上对应上自己该填的信息，就好像指示路标一样。比如在租房场景、预定旅馆饭店、电话失物报失等等场景中都会有这样的对话：

Well, first let's take some details. What's your full name...（address, phone number等一堆问题）

在detail出现的时候，你就要意识到有用的东西要出现了，detail就是路标词。

有一些词很容易成为路标词：

举例/增补	also, besides, and then, for example, in addition, like, such as, namely, what's more
顺序	after that, at the moment, first of all, in the second place, meanwhile, last but not least
解释强调	actually, in other words, that is to say, especially, mainly

总结	as a result, eventually, in a word, in that case, overall
转折/对比	although, but, however, despite, compared with, rather, instead, whereas, while, yet
确认	obviously, certainly, of course，basically，especially, in general

material [mə'tɪərɪəl] *n.* 材料

复数 materials [mə'tɪərɪəlz]

机经词汇 cleaning materials 清洁材料
raw materials 原材料
industrial material 工业材料
recycled materials 可回收材料

keyword ['ki:wɜ:d] *n.* 关键词

复数 keywords ['ki:wɜ:dz]

Tips: 也可以写成 key words。

public ['pʌblɪk] *adj.* 公共的

机经词汇 public awareness 公众意识
public school 公立学校
public skills 大众技能
public health 公共健康
public facilities 公共设施
public service 大众服务
public interest 公共利益
public examination 公共考试

Tips: 像英国的A-level、GCSE考试都属于public examination。

infrastructure ['ɪnfrə'strʌktʃə(r)] *n.* 基础设施

music ['mju:zɪk] *n.* 音乐

机经词汇 musician [mjuː'zɪʃn] *n.* 音乐家

musical ['mjuːzɪkl] *adj.* 音乐的 *n.* 音乐剧

specialized ['speʃəlaɪzɪd] *adj.* 特别的，专门的

机经词汇 specialized sports facilities 专门体育设施

planning ['plænɪŋ] *n.* 计划

Tips: 要注意双写n。

机经词汇 planning meeting 筹划会

Oxford ['ɒksfəd] *n.* 牛津

Tips: 剑桥大学（Cambridge）和牛津（Oxford）合起来叫Oxbridge。

Cambridge ['keɪmbrɪdʒ] *n.* 剑桥

机经词汇 University of Cambridge 剑桥大学

cheaper ['tʃiːpə] *adj.* 便宜些的

Tips: 这是cheap的比较级。

full-time 全日制

机经词汇 part-time 业余时间的

Tips: 这两个单词中间一定要有“-”。

list [lɪst] *n.* 单子，列表，一览表，清单

复数 lists [lɪsts]

机经词汇 shopping list 购物清单

reading list=booklist 书单，阅读清单

packing list（旅行时的）打包单

contact list 联系人清单

checking list 核对清单

waiting list 后补清单

mailing list 邮寄清单

team [tiːm] *n.* 队伍，小组

复数 teams [tiːmz]

equipment [ɪ'kwɪpmənt] *n.* 设备

机经词汇 music equipment 音乐设备

lab equipment 实验器材

cleaning equipment 清洁设备

culture ['kʌltʃə(r)] *n.* 文化

机经词汇 cultural ['kʌltʃərəl] *adj.* 文化的

cultural differences 文化差异

culture shock 文化冲击

general ['dʒenrəl] *adj.* 普通的，笼统的，泛泛的

Tips: general English指“普通英语培训”，与academic English“学术英语”的授课内容不同。

机经词汇 general health 总体健康

general science 大众科学

general ideas 综合观点

general English practice 普通英语练习

quality ['kwɒlətɪ] *n.* 质量

机经词汇 quality of teaching 教学质量

quality of education 教育质量

college ['kɒlɪdʒ] *n.* 学院

复数 colleges ['kɒlɪdʒɪz]

practical ['præktɪkl] *adj.* 实际的

机经词汇 practical material 实用材料

practical skills 实用技能

clear [klɪə(r)] *adj.* 清楚的

机经词汇 clarity ['klærətɪ] *n.* 清楚

theatre ['θɪətə(r)] *n.* 戏院，剧院

Tips: 也可拼写成theater。

thought [θɔːt] *n.* 想法

复数 thoughts [θɔːts]

Tips: 这个单词要注意发音，好多考生听不出来。

service ['sɜːvɪs] *n.* 服务

机经词汇 customs service 海关服务

student service 学生服务

support service 售后服务，辅助服务

door-to-door service 上门服务

student support service 学生服务

standard ['stændəd] *n.* 标准

复数 standards ['stændədz]

机经词汇 standard of education 教育标准

education standard 教育标准

schedule ['ʃedjuːl] *n.* 时间表

Tips: 美音读作 ['skedʒjul]。

机经词汇 curriculum 课程表

timetable 时间表

support [sə'pɔːt] *n.* & *v.* 支持

复数 supports [sə'pɔːts]

机经词汇 support service 售后服务

student support service 对学生的帮助

review [rɪ'vjuː] *n.* 复习

learning styles 学习方式

choice [tʃɔɪs] *n.* 选择

复数 choices ['tʃɔɪsɪz]

机经词汇 options ['ɒpʃnz] *n.* 选择

choices for facilities 设施选择

higher [haɪə] *adj.* 更高的

机经词汇 higher education 高等教育

vocation [vəʊ'keɪʃn] *n.* 行业，职业

profession [prə'feʃn] *n.* 职业

机经词汇 professional [prə'feʃənl] *adj.* 专业的

professional learning 专业学习

professionally [prə'feʃənlɪ] *adv.* 专业地

occupation [ˌɒkjʊ'peɪʃn] *n.* 职业

机经词汇 occupational [ˌɒkjʊ'peɪʃənl] *adj.* 职业的

occupational factors 职业因素

experiment [ɪks'perɪmənt] *n.* 实验

复数 experiments [ɪks'perɪmənts]

机经词汇 experimental [ɪksperɪ'mentl] *adj.* 实验的

reader ['riːdə(r)] *n.* 读者

复数 readers ['riːdə(r)z]

suggestion [sə'dʒestʃən] *n.* 建议

复数 suggestions [sə'dʒestʃənz]

communication [kə,mju:nɪ'keɪʃn] *n.* 交流

机经词汇 communication strategies 交际策略

communication skills 交流技巧

international [,ɪntə'næʃnəl] *adj.* 国际的

机经词汇 international student card 留学生证

issue ['ɪsju:] *n.* 问题

复数 issues ['ɪsju:z]

机经词汇 environmental issues 环境问题

social issues 社会问题

priority [praɪ'ɒrətɪ] *n.* 优先

复数 priorities [praɪ'ɒrətɪz]

机经词汇 time priority 时间先后顺序

school [sku:l] *n.* 学校

复数 schools [sku:lz]

distance ['dɪstəns] *n.* 距离

机经词汇 distant ['dɪstənt] *adj.* 远的

distance learning 远程教育

distant deadline 离交作业的最后期限还很远

Tips: 要注意"ce"和"t"。

vocabulary [və'kæbjʊlərɪ] *n.* 词汇

机经词汇 technical vocabulary 术语

common ['kɒmən] *adj.* 普通的

机经词汇 common room （英）师生公用的休息室

common sense 常识

commonsense ['kɔmənsens] *adj.* 有常识的

Tips: 师生公用的休息室一般是一个比较大的房间，里面有沙发、电视、DVD等，寄宿学生（boarders）也会在这里集合开会。

jam [dʒæm] *n.* 堵塞

机经词汇 traffic jam 交通堵塞

Tips: 雅思中还考过一个关于造纸的问题，用到paper jam 卷纸现象。

point [pɔɪnt] *n.* 要点，分数

复数 points [pɔɪnts]

field [fiːld] *n.* 领域

机经词汇 field system 土地系统

field trip=field work 实习

prepare [prɪ'peə(r)] *v.* 准备

Tips: 缩写为prep（预习），也是homework 的意思。

complete [kəm'pliːt] *v.* 完成 *adj.* 完全的

机经词汇 completed [kəm'pliːtɪd] *adj.* 完全的

auditorium [ˌɔːdɪ'tɔːrɪəm] *n.* 礼堂

break [breɪk] *v.* 休息，破，碎 *n.* 休息，不遵守

机经词汇 coffee break 喝咖啡的休息时间

daily ['deɪlɪ] *adj.* 每日的

Tips: 雅思考试中经常用per day 来替换。

photo ['fəʊtəʊ] *n.* 照片

复数 photos ['fəʊtəʊz]

aim [eɪm] *n.* 目的

复数 aims [eɪmz]

机经词汇 parent's meeting's aim 家长会的目的

aim of lecture 授课目标

overall aim of the health club 健康俱乐部的总目标

adult ['ædʌlt] *n.* 成人

复数 adults ['ædʌlts]

Tips: 雅思中还读成[ə'dʌlt]。

resource [rɪ'sɔːs] *n.* 资源

复数 resources [rɪ'sɔːsɪz]

机经词汇 resources room 资源中心

university resource 大学资源

library resource 图书馆资源

resource management 资源管理

resource protection 资源保护

resource sharing 资源共享

nursing ['nɜːsɪŋ] *n.* 护理

机经词汇 Nursing Diploma 护理文凭

major in nursing 护理专业

nursing care 医疗护理

health care 健康护理

nursery ['nɜːsərɪ] *n.* 幼儿园

lab [læb] *n.* 实验室

机经词汇 laboratory [lə'bɒrətrɪ] *n.* 实验室

chemistry lab 化学实验室

guidance ['gaɪdns] *n.* 指导

机经词汇 guide [gaɪd] *n.* 指导

speech [spiːtʃ] *n.* 演讲

机经词汇 give a speech 作演讲

deliver a speech 作演讲

printed ['prɪntɪd] *adj.* 打印出来的

机经词汇 printed catalogue 打印出的目录

book [bʊk] *n.* 书 *v.* 预订

复数 books [bʊks]

机经词汇 bookshop 书店

bookshelf 书架

booking ['bʊkɪŋ] *n.* 预订

Tips: 这个词作“预订”解的时候，可以与reserve替换使用。

thinking ['θɪŋkɪŋ] *n.* 思考

机经词汇 thinking pattern 思维模式

the way of thinking 思考方式

drama ['drɑːmə] *n.* 戏剧

机经词汇 Drama Theater 戏剧影院（地名）

drama teacher 话剧老师

style [staɪl] *n.* 风格

复数 styles [staɪlz]

机经词汇 lifestyle 生活方式

learning style 学习方式

source [sɔːs] *n.* 来源

复数 sources ['sɔːsɪz]

机经词汇 research source 研究来源
financial source 经济来源

guide [gaɪd] *n.* 导游，指导

机经词汇 guide book 指导手册
university guide 大学指南

option ['ɒpʃn] *n.* 选择

机经词汇 choice [tʃɔɪs] *n.* 选择

text [tekst] *n.* 文章

passage ['pæsɪdʒ] *n.* 一节，一段

holiday ['hɒlədeɪ] *n.* 假期

复数 holidays ['hɒlədeɪz]

机经词汇 vacation [veɪ'keɪʃn] *n.* 假期

Tips: vocation是职业，不要混。

institution [ˌɪnstɪ'tjuːʃn] *n.* 机构

复数 institutions [ˌɪnstɪ'tjuːʃnz]

academic [ˌækə'demɪk] *adj.* 学术的

机经词汇 academic system 学术体系

university facilities 大学设施

social activities 社会活动

medium ['miːdɪəm] *n.* 中度，媒体

机经词汇 media ['miːdɪə] *n.* 媒体

Tips: 本词为medium的复数。

signature ['sɪgnətʃə(r)] *n.* 签名

previous ['priːvɪəs] *adj.* 原来的

机经词汇 previous data 原来的数据

previous insurance company 原来的保险公司

previous result 原来的结果

solve [sɒlv] *n.* 解决

机经词汇 solution [sə'luːʃn] *n.* 解决方案

application [ˌæplɪ'keɪʃn] *n.* 申请，应用

机经词汇 theory of application 应用理论

application form 申请表

survival [sə'vaɪvl] *n.* 生存

机经词汇 survival course 生存课程

access ['ækses] *n.* 接近，进入

机经词汇 internet access 互联网接口

have access to 拥有……的权利，接近

subject access 主题索引

accessible [ək'sesəbl] *adj.* 可接近的

mass [mæs] *n.* 大众

机经词汇 mass media 大众传媒

university [ˌjuːnɪ'vɜːsətɪ] *n.* 大学

复数 universities [ˌjuːnɪ'vɜːsətɪz]

marketing ['mɑːkɪtɪŋ] *n.* 市场营销

机经词汇 the marketing department 市场部

update [ˌʌp'deɪt] *v.* 更新

Wollongong ['wʊləngɒŋ] *n.* 卧龙岗

Tips: 这是澳洲一所大学的名字。

center ['sentə(r)] *n.* 中心

机经词汇 sports center 体育中心
shopping center 购物中心
medical center 医疗中心
fitness center 健身中心
media center 媒体中心

investigator [ɪn'vestɪgeɪtə(r)] *n.* 调查人

复数 investigators [ɪn'vestɪgeɪtə(r)z]

机经词汇 investigation [ɪn,vestɪ'geɪʃn] *n.* 调查

similar ['sɪmɪlə(r)] *adj.* 相似的

机经词汇 similar experiments 相似实验

editor ['edɪtə(r)] *n.* 编辑

机经词汇 videotape editor 录像编辑

laboratory [lə'bɒrətrɪ] *n.* 实验室

formula ['fɔːmjʊlə] *n.* 公式

机经词汇 mathematic formula 数学公式

argument ['ɑːgjʊmənt] *n.* 论证

机经词汇 clear argument 清晰论证

global ['gləʊbl] *adj.* 全球的，整体的

机经词汇 global listening 整体听力

booklist ['bʊklɪst] *n.* 书目单

lesson ['lesn] *n.* 课程

复数 lessons ['lesnz]

encyclopedia [ɪnˌsaɪklə'piːdɪə] *n.* 百科全书

wide [waɪd] *adj.* 广泛的

机经词汇 wide reading 广泛阅读
wide writing 大量写作
widen/broaden one's horizon/view 拓宽视野

expert ['ekspɜːt] *n.* 专家

复数 experts ['ekspɜːts]

healthcare ['helθkeə(r)] *n.* 健康保健

机经词汇 nursing care 护理

vacation [və'keɪʃn] *n.* 假期

technique [tek'niːk] *n.* 技术

复数 techniques [tek'niːks]

机经词汇 study techniques 学习技巧

Tips: 其余表示“技术”的词还有strategy, method, tip, approache等。

chart [tʃɑːt] *n.* 图表

habit ['hæbɪt] *n.* 习惯

复数 habits ['hæbɪts]

机经词汇 reading habits 阅读习惯

Tips: 注意拼写。

dictation [dɪk'teɪʃn] *n.* 听写

机经词汇 dictate [dɪk'teɪt] *v.* 听写

Trinity ['trɪnətɪ] *n.* 三一学院

Tips: 全称是Trinity College。

oral ['ɔːrəl] *adj.* 口语的

speaking ['spiːkɪŋ] *n.* 口语

audio ['ɔːdɪəʊ] *adj.* 声音的

机经词汇 audio-visual 视听的

audience ['ɔːdɪəns] *n.* 观众

Tips：另一个单词spectator也表示“观众”，不同的是audience侧重于“听到的声音比较悦耳”。例如，在concert、cinema里的观众可以称作audience。而在football match、bullfight中观众是spectator。

monopoly [mə'nɒpəlɪ] *n.* 垄断

enquiry [ɪn'kwaɪərɪ] *n.* 咨询

机经词汇 inquiry [ɪn'kwaɪərɪ] *n.* 咨询 (= enquiry)

description [dɪ'skrɪpʃn] *n.* 描述

复数 descriptions [dɪ'skrɪpʃnz]

royal ['rɔɪəl] *adj.* 皇家的

机经词汇 royal commission 皇家委员会

submit [səb'mɪt] *n.* 上交，提供

Tips: 这个词常与hand in互换。

机经词汇 submit the document 上交文件

headphones ['hedfəʊnz] *n.* 耳机

复数 headphones ['hedfəʊnzɪz]

special audio equipment 特别听力设备

final ['faɪnl] *adj.* 最后的 *n.* 决赛，期末考试

union ['juːnɪən] *n.* 工会

机经词汇 student union 学生会

close-up 特写镜头

机经词汇 college close-up 大学特写

Tips: 注意连字符。

composition [ˌkɒmpəˈzɪʃn] *n.* 组成部分，作文

campus [ˈkæmpəs] *n.* 校园

Tips: 这个词本身就带s，不是复数。

机经词汇 on campus 在学校

off campus 校外

intelligence [ɪnˈtelɪdʒəns] *n.* 智力

机经词汇 intelligent [ɪnˈtelɪdʒənt] *adj.* 智力的

form [fɔːm] n. 表格

复数 forms [fɔːmz]

机经词汇 application form 申请表

accommodation form 住宿单

currency form 货币申报单

ability [əˈbɪlətɪ] *n.* 能力

复数 abilities [əˈbɪlətɪz]

secondary [ˈsekəndrɪ] *adj.* 第二的

机经词汇 secondary school 中学

humans [ˈhjuːmənz] *n.* 人类

Tips: human beings, human race, humankind都可以表达“人类”。half human（半人）出现于“纳米比亚野外考察”这个场景。

social ['səʊʃl] *adj.* 社会的

机经词汇 unsocial [ʌn'səʊʃl] *adj.* 不合群的

Tips: unsocial hours 指别人不工作时，夜班工人还在工作、影响健康的时间段。

social matters 社会问题

social workers 社工，自愿者

Tips: 留学生通常遇到下述问题：

social problems 社会问题	homesick 想家
	lonely 孤独
academic problems 学习问题	cannot meet the deadline 不能在最后期限内完成作业 manage time better 合理管理时间

rule [ru:l] *n.* 规则

复数 rules [ru:lz]

机经词汇 basic rule 基本规则

special rule 特别规则

旅游场景词汇

花费

WORD LIST			
payable	adj. 可支付的	bill	n. 账单
fare	n. 车船费用	cost	n. 成本，花费
fee	n. 杂费（指水、电、电话费等）	rent	n. 房租
costly	adj. 昂贵的，费钱的	cover	v. 包括
expense	n. 花费	deposit	n. 押金
shortage	n. 不足	charge	n. 收费
finance	n. 金融	expenditure	n. 经费
tuition	n. 学费	financial	adj. 金融的
loan	n. 贷款	scholarship	n. 奖学金
grant	n. 助学金	order	n. 命令
check	n. 检验，支票	card	n. 卡片
in advance	预先	price	n. 价格
visa	n. 签证	spending	n. 花费
extra	adj. 额外的	discount	n. 打折
on sale	打折	purse	n. 钱包
dollar	n. 美元	bank	n. 银行
diary	n. 日记	sale	n. 销售
credit	n. 信用，信誉	currency	n. 货币
Yen	n. 日元	Australian dollars	澳元
optional	adj. 可选择的	money	n. 钱
cash	n. 现金	debt	n. 债务
transfer	v. 转换，转移	lender	n. 借钱给别人的人

pocket	n. 口袋	statement	n. 陈述
mileage	n. 里程表	class	n. 类别
investment	n. 投资	wealth	n. 财富
fortune	n. 财产	concert	n. 音乐会
refund	v. 退还，退款	allowance	n. 津贴
subsidy	n. 津贴	pension	n. 养老金
saving	n. 存钱	stock	n. 存货，股票
prize	n. 奖金	pensioner	n. 领退休金者
capital	n. 资金，首都	low income	低收入
tax	n. 税收		

payable ['peɪəbl] *adj.* 可支付的

机经词汇 payment ['peɪmənt] *n.* 付款

pay [peɪ] *v.* 付款

bill [bɪl] *n.* 账单

机经词汇 phone bill 电话费

electricity bill 电费

fare [feə(r)] *n.* 车船费用

cost [kɒst] *n.* 成本，花费

复数 costs [kɒsts]

机经词汇 living cost 生活开销

cost of living 生活开销

fee [fiː] *n.* 费用，学费，杂费

fee [fiː] *n.* 杂费（指水、电、电话费等）

复数 fees [fiːz]

机经词汇 water fee 水费

electricity fee 电费

course fee（=tuition fee）学费

accommodation fee 住宿费

rent [rent] *n.* 房租

Tips: 《剑3》有一道题：give deposit of ______。答案要写one-month rent，而不能只写one month。

costly ['kɒstlɪ] *adj.* 昂贵的，费钱的

cover ['kʌvə(r)] *v.* 包括

机经词汇 cover the cost 足以支付成本

expense [ɪk'spens] *n.* 花费

复数 expenses [ɪk'spensɪz]

机经词汇 fixed expenses 固定花费

optional expense 选择性支出

living expenses 生活费

expensive [ɪk'spensɪv] *adj.* 昂贵的

deposit [dɪ'pɒzɪt] *n.* 押金

Tips: develop, envelope和deposit 这三个词中，只有envelope 的词尾有e。

shortage ['ʃɔːtɪdʒ] *n.* 不足

机经词汇 shortage of money 缺钱

financial shortage 缺钱

charge [tʃɑːdʒ] *n.* 收费

复数 charges ['tʃɑːdʒɪz]

机经词汇 no charge 免费

free of charge 免费

finance ['faɪnæns] *n.* 金融

expenditure [ɪk'spendɪtʃə(r)] *n.* 经费

tuition [tjuː'ɪʃn] *n.* 学费

financial [faɪ'nænʃl] *adj.* 金融的

机经词汇 financial budget 财政预算
financial advice 理财建议
financial executive 财务主管
financial department 金融系
financial policy 金融政策
financial problems 财务问题
financial goals 经济目标
financial market 金融市场
have strong financial muscles 经济实力雄厚

loan [ləʊn] *n.* 贷款

复数 loans [ləʊnz]

机经词汇 long-term loan 长期贷款
out on loan 借出的（书、CD等）
corporate loan 筹资

scholarship ['skɒləʃɪp] *n.* 奖学金

机经词汇 scholar ['skɒlə] *n.* 学者，得奖学金的人
fellowship ['feləʊʃɪp] *n.* 奖学金；伙伴关系

grant [grɑːnt] *n.* 助学金

复数 grants [grɑːnts]

order ['ɔːdə(r)] *n.* 命令

机经词汇 money order 汇票

check [tʃek] *n.* 检验，支票

复数 checks [tʃeks]

Tips: 另一种拼写为cheque（英式拼写）。

机经词汇 check in 办理登机、入住手续

card [kɑ:d] *n.* 卡片

复数 cards [kɑ:dz]

机经词汇 credit card 信用卡
transportation card 公交卡
Master Card 万事达信用卡
printed card 打印出的卡片
card catalogue 卡片目录
international student card 留学生证
computer sound card 电脑声卡
business card 名片

in advance 预先

机经词汇 ahead of time 预先

Tips: 在雅思听力中“预订”就是book in advance, 还有一种说法是reserve。被预订的房间门上面通常写着 reserved。这两个词组在选择题中经常互相替换。

price [praɪs] *n.* 价格

机经词汇 price list 价目单

visa ['vi:zə] *n.* 签证

机经词汇 VISA 维萨信用卡

spending ['spendɪŋ] *n.* 花费

机经词汇 spending plans 花销计划

extra ['ekstrə] *adj.* 额外的

Tips: 相当于supplementary，雅思中常出现的词组搭配是extra charge，代表额外付费。

discount ['dɪskaʊnt] *n.* 打折

on sale 打折

purse [pɜːs] *n.* 钱包

Tips: 雅思真题中出现过有个女孩丢了钱包，然后问钱包的材料（stuff of purse），答案是银布（silver cloth）。

dollar ['dɒlə(r)] *n.* 美元

Tips: 有具体的钱数时，建议写成＄，避免出现拼写错误、单复数错误等。

bank [bæŋk] *n.* 银行

机经词汇 bank statement 银行对账单

student banking 学生银行业务

Union Bank 联合银行（某个银行名称）

student account 学生账户

documentation 文件，证明材料（办理银行业务时经常需要提供的文件）

ATM 自动取款机

current account 现金账户

chequebook 支票本

cheque card 支票卡

identity card 身份证

withdraw cash 取现金

overdraft 透支

banking 银行业

banking center 银行中心

diary ['daɪərɪ] *n.* 日记

机经词汇 money diary 花销日记

sale [seɪl] *n.* 销售

机经词汇 on sale （英）热卖；（美）打折

for sale 打折

sales team 销售小组

credit ['kredɪt] *n.* 信用，信誉

机经词汇 credit card 信用卡

Tips: 雅思中常考付款方式有支票（check或者cheque）、现金（cash）、信用卡（credit card ）、万事达卡（Master Card）、旅行支票（traveller's check）和银行转账（bank transfer）。

currency ['kʌrənsɪ] *n.* 货币

机经词汇 currency form 货币申请单

Tips: 出入境时，需填写货币申请单。If you carry a lot of money, you should complete a currency form.（如果你携带大量现金，就必须填写货币申请单。）

1p	one penny Tips：penny本身的复数是pennies。
2p	two pence Tips：pence是penny的复数，没有单数形式。two pence=two pennies，希望考生注意。
£1	one pound
£5	five pounds
£25.50	twenty-five pounds fifty Tips：特别注意读法。

1C	one cent
50C	fifty cents
$ 1	one dollar
$ 5	five dollars
$ 25.50	twenty-five dollars fifty

Tips: 在雅思考试中，英镑前面都是有数字的，例如55 pounds。但是很多考生容易丢掉s，所以建议写成￡55。如果是￡9.50，就要读成nine pounds fifty，希望考生注意。

Yen [jen] *n.* 日元

Australian dollars 澳元

optional ['ɒpʃənl] *adj.* 可选择的

机经词汇 optional course 选修课

optional expenses 选择性花销

money ['mʌnɪ] *n.* 钱

机经词汇 money lender 钱商

cash [kæʃ] *n.* 现金

机经词汇 cashier ['kæʃə] *n.* 出纳员

debt [det] *n.* 债务

复数 debts [dets]

机经词汇 student debt 学生债务

transfer [træns'fɜː(r)] *v.* 转换，转移

机经词汇 bank transfer 银行转账

Tips: 雅思听力考试的介绍（instructions）中有这样一句话：At the end of the test you will be given ten minutes to transfer your answers to an answer sheet.

lender ['lendə] *n.* 借财物给别人的人

机经词汇 lend [lend] *v.* 借出某物

pocket ['pɒkɪt] *n.* 口袋

机经词汇 pocket money 零用钱

statement ['steɪtmənt] *n.* 陈述

Tips: personal statement简称PS，是在申请大学时要递交的材料，PS的质量对录取的影响很大。

机经词汇 bank statement 银行对账单

mileage ['maɪlɪdʒ] *n.* 里程表

机经词汇 mileage ticket （可乘坐一定英里数的）火车票

class [klɑːs] *n.* 类别

机经词汇 VIP class 头等舱

business class 商务舱

economy class 经济舱

investment [ɪn'vestmənt] *n.* 投资

机经词汇 invest [ɪn'vest] *v.* 投资

wealth [welθ] *n.* 财富

机经词汇 wealthy ['welθɪ] *adj.* 有钱的

fortune ['fɔːtʃuːn] *n.* 财产

concert ['kɒnsət] *n.* 音乐会

复数 concerts ['kɒnsəts]

机经词汇 concert room 音乐厅

concert hall 音乐厅

refund [riːˈfʌnd] *v.* 退还，退款

allowance [əˈlaʊəns] *n.* 津贴

subsidy [ˈsʌbsɪdɪ] *n.* 津贴

pension [ˈpenʃn] *n.* 养老金

saving [ˈseɪvɪŋ] *n.* 存钱

复数 savings [ˈseɪvɪŋz]

stock [stɒk] *n.* 存货，股票

机经词汇 stock market 股票市场

prize [praɪz] *n.* 奖金

复数 prizes [praɪzɪz]

机经词汇 prize giving 分配奖品
receive prizes 收到奖品

pensioner [ˈpenʃənə(r)] *n.* 领退休金者

复数 pensioners [ˈpenʃənə(r)z]

capital [ˈkæpɪtl] *n.* 资金，首都

low income 低收入

tax [tæks] *n.* 税收

旅游

WORD LIST			
tour	*n.* 旅游	hiking	*n.* 徒步旅行
bag-packer	肩背大包自助旅行的人	party	*n.* 晚会
special party hats	晚会戴的帽子	banquet	*n.* 宴会
feast	*n.* 盛宴	travel	*n.* 旅游
lookout points	观看景点	embassy	*n.* 大使馆
cottage	*n.* 小屋	church	*n.* 教堂
location	*n.* 地理位置	brochure	*n.* 小册子
waterfall	*n.* 瀑布	view	*n.* 风景，视线，观点
garden	*n.* 花园	country	*n.* 国家，乡村
village	*n.* 山村，村庄	car	*n.* 汽车
vehicle	*n.* 车辆	planner	*n.* 计划，计划表
museum	*n.* 博物馆	station	*n.* 车站
park	*n.* 公园	ticket	*n.* 票
boat	*n.* 船	safety	*n.* 安全
evening	*n.* 夜晚，晚会	train	*n.* 火车
return	*n.* 往返 *vt.* 回	store	*n.* 商场
entrance	*n.* 入口	zoo	*n.* 动物园
recreation	*n.* 娱乐	property	*n.* 财产

tour [tʊə(r)] *n.* 旅游

复数 tours [tʊə(r)z]

机经词汇 tour guide 导游

guided tour 有导游带领的旅行（注意尾字母d）

package tour 全包游

tourist ['tʊərɪst] *n.* 旅游者

tourism ['tʊərɪzəm] *n.* 旅游业

touring ['tʊə(r)ɪŋ] *n.* 旅游

hiking ['haɪkɪŋ] *n.* 徒步旅行

机经词汇 hitch-hike 搭便车旅行

bag-packer 肩背大包自助旅行的人

party ['pɑːtɪ] *n.* 晚会

机经词汇 farewell party 告别会

goodbye party 告别会

welcome party 欢迎会

costume party 化妆晚会

special party hats 晚会戴的帽子

banquet ['bæŋkwɪt] *n.* 宴会

feast [fiːst] *n.* 盛宴

travel ['trævl] *n.* 旅游

机经词汇 traveler ['trævlə] *n.* 游客

traveling ['trævlɪŋ] *n.* 旅游

lookout points 观看景点

embassy ['embəsɪ] *n.* 大使馆

Tips: 出现于签证场景，要去本国大使馆（your own embassy）拿护照。

cottage ['kɒtɪdʒ] *n.* 小屋

机经词汇 cottages ['kɒtɪdʒɪz]

church [tʃɜ:tʃ] *n.* 教堂

机经词汇 cathedral [kə'θi:drəl] *n.* 大教堂

location [ləʊ'keɪʃn] *n.* 地理位置

复数 locations [ləʊ'keɪʃnz]

Tips: venue, site, spot和where 也表示地理位置。

brochure ['brəʊʃə(r)] *n.* 小册子

复数 brochures ['brəʊʃə(r)z]

机经词汇 tourist brochures 游客手册

waterfall ['wɔ:tə(r)fɔ:l] *n.* 瀑布

机经词汇 swimming in waterfall 在瀑布里游泳

view [vju:] *n.* 风景，视线，观点

Tips: idea, opinion, notion, perspective, viewpoint和point of view 等都可以表示“观点”。

garden ['gɑ:dn] *n.* 花园

复数 gardens ['gɑ:dnz]

Tips: 美语中用backyard或者yard表示“花园”。

机经词汇 garden tools 园艺工具
Rose Garden 玫瑰花园
Garden Hall 地名
botanical garden 植物园
theme garden 主题公园

country ['kʌntrɪ] *n.* 国家，乡村

Tips: countries ['kʌntrɪz]

机经词汇 country music 乡村音乐
countryside ['kʌntrɪsaɪd] *n.* 乡村

village ['vɪlɪdʒ] *n.* 山村，村庄

复数 villages ['vɪlɪdʒɪz]

car [kɑː(r)] *n.* 汽车

复数 cars [kɑː(r)z]

vehicle ['vɪəkl] *n.* 车辆

planner ['plænə] *n.* 计划，计划表

复数 planners ['plænəz]

museum [mjuː'zɪəm] *n.* 博物馆

复数 museums [mjuː'zɪəmz]

Tips: 博物馆也属于公共设施（public facility）。注意发音和拼写。

机经词汇 historical museum 历史博物馆
military museum 军事博物馆
art museum 艺术博物馆
science museum 科技博物馆
natural museum 自然博物馆
specialized museum 专业博物馆

station ['steɪʃn] *n.* 车站

复数 stations ['steɪʃnz]

机经词汇 railway station 火车站
gas station 加油站

park [pɑːk] *n.* 公园

复数 parks [pɑːks]

Tips: 雅思听力考试中曾考过“Central Park”。注意，地点名词首字母要大写。

ticket ['tɪkɪt] *n.* 票

复数 tickets ['tɪkɪts]

机经词汇 one-way ticket 单程票

round trip ticket 往返票

boat [bəʊt] *n.* 船

复数 boats [bəʊts]

Tips: 雅思真题中出现过 fishing boat，wretched boat和 boat trip。

safety ['seɪftɪ] *n.* 安全

Tips: 注意拼写中的e字母。

机经词汇 safety regulations 安全规则

safety helmet 安全头盔

safety office 保卫处

evening ['iːvnɪŋ] *n.* 夜晚，晚会

Tips: Evening News这个单词在雅思考试中是一份报纸的名称，开头字母要大写。雅思还考过international evening（国际学生晚会）。

train [treɪn] *n.* 火车

复数 trains [treɪnz]

return [rɪ'tɜːn] *n.* 往返 *vt.* 回

机经词汇 one-way = single 单程

round trip=return 往返

store [stɔː(r)] *n.* 商场

复数 stores [stɔː(r)z]

entrance ['entrəns] *n.* 入口

机经词汇 main entrance 主入口处

Tips: 在国外，游览门票（entrance fee）通常包括午餐（lunch）、保险（insurance）、安全头盔（safety helmet）、地图（map）和纪念品（souvenir）。

zoo [zuː] *n.* 动物园

机经词汇 safari park 野生动物园

recreation [ˌrekrɪ'eɪʃn] *n.* 娱乐

Tips: entertainment, leisure和pastime都表示“娱乐”。

机经词汇 recreation therapy 娱乐疗法

property ['prɒpətɪ] *n.* 财产

机经词汇 property insurance 财产险

人物

WORD LIST			
family	*n.* 家庭	parent	*n.* 父母
child	*n.* 儿童	kid	*n.* 儿童
surname	*n.* 姓	mother	*n.* 母亲
elder	*n.* 长辈	the old	老人
personnel	*n.* 职员	brother	*n.* 兄弟
passenger	*n.* 旅客	shopper	*n.* 购物者
commuter	*n.* 通勤者	traveler	*n.* 游客
tourist	*n.* 游客	thief	*n.* 小偷

family ['fæməlɪ] *n.* 家庭

复数 families ['fæməlɪz]

机经词汇 family relationship 家庭关系

family ticket 家庭套票

parent ['peərənt] *n.* 父母

复数 parents ['peərənts]

child [tʃaɪld] *n.* 儿童

复数 children ['tʃɪldrən]

机经词汇 childcare ['tʃaɪldkeə(r)] *n.* 育儿

children's ['tʃɪldrəns] *adj.* 儿童的

Children's Day 儿童节

kid [kɪd] *n.* 儿童

surname ['sɜːneɪm] *n.* 姓

机经词汇 family name 姓

last name 姓

full name 全名
given name 名
first name 名

Tips: 听力考试中一定要注意要你填的是名还是姓。

mother ['mʌðə(r)] *n.* 母亲

机经词汇 mother-in-law 岳母或者婆婆

elder ['eldə(r)] *n.* 长辈

the old 老人

personnel [ˌpɜːsə'nel] *n.* 职员

机经词汇 quality of personnel 职员的素质

Tips: 现在比较时髦的说法是"human resources（人力资源）"。

brother ['brʌðə(r)] *n.* 兄弟

机经词汇 brother-in-law 姐夫，妹夫

passenger ['pæsɪndʒə(r)] *n.* 旅客

复数 passengers ['pæsɪndʒə(r)s]

shopper ['ʃɒpə] *n.* 购物者

复数 shoppers ['ʃɒpəs]

commuter [kə'mjuːtə] *n.* 通勤者

复数 commuters [kə'mjuːtəz]

traveler ['trævlə(r)] *n.* 游客

复数 travelers ['trævlə(r)z]

tourist ['tʊərɪst] *n.* 游客

复数 tourists ['tʊərɪsts]

thief [θiːf] *n.* 小偷

复数 thieves [θiːvz]

Tips: 要注意与theft 的差别。

交通

WORD LIST			
transport	*v.* 运送	rush	*n.& v.* 赶快
train	*n.* 火车	traffic	*n.* 交通
congestion	*n.* 拥挤	wheel	*n.* 方向盘，车轮
ferry	*n.* 轮渡	coach	*n.* 长途汽车
bicycle	*n.* 自行车	taxi	*n.* 出租车
trolley	*n.* 电车	steam	*n.* 蒸汽
driver	*n.* 司机	rental	*n.* 租
cable	*n.* 电缆，有线电视	walk	*n.* 步行
tractor	*n.* 拖拉机	motorcycle	*n.* 摩托车
cycle	*n.* 自行车	light	*n.* 灯
bus	*n.* 公共汽车	railway	*n.* 铁路
underground	*adj.* 地下的	wheelchair	*n.* 轮椅
cave	*n.* 洞穴	temple	*n.* 寺庙
tool	*n.* 工具	tower	*n.* 塔
Japanese Pagoda	日本塔	regulation	*n.* 规章制度
entertainment	*n.* 娱乐	wise	*adj.* 明智的
advisable	*adj.* 明智的	dangerous	*adj.* 危险的
hazardous	*adj.* 冒险的，危险的	agency	*n.* 代理机构，中介
fossil	*n.* 化石	leisure	*n.* 休闲
route	*n.* 路线	reserve	*v.* 预订
ballroom	*n.* 舞会	safari	*n.* 野生动物园
flight	*n.* 航班	castle	*n.* 城堡

touring	*n.* 旅游	woods	*n.* 森林
lake	*n.* 湖	occasion	*n.* 场合
site	*n.* 位置，地点	passport	*n.* 护照
smoking	*n.* 吸烟	date	*n.* 日期
poor area	不发达的地区	place	*n.* 位置
weekly	*adj.* 每周的	emergency	*n.* 紧急
central	*adj.* 中央的	town	*n.* 小镇
wildlife	*n.* 野生动物、植物	postcode	*n.* 邮编
region	*n.* 地区	mountain	*n.* 山脉
ancient	*adj.* 古代的	palace	*n.* 宫殿
map	*n.* 地图	parking	*n.* 停车
setting	*n.* 位置	position	*n.* 位置，方位
beach	*n.* 海滩	creek	*n.* 小溪
manmade dam	人造大坝	wretched boat	废弃的船
skiing	*n.* 滑雪	excursion	*n.* 远足
hike	*n.* 远足	helmet	*n.* 头盔
coastal	*adj.* 海边的	tourism	*n.* 旅游业
Queen's	*adj.* 女王的	junction	*n.* 交汇处，交叉路口
express	*n.* 表达，快速	landscape	*n.* 风景
per	*prep.* 每，每人	population	*n.* 人口
person	*n.* 人	accident	*n.* 事故
exhibition	*n.* 展览	ocean	*n.* 海洋
sea	*n.* 海洋	landmark	*n.* 路标
sail	*n.* 帆，乘船旅行	height	*n.* 高度
altitude	*n.* 海拔，高度	destination	*n.* 目的地

track	n. 轨迹	tunnel	n. 隧道
arm badge	胳膊带的臂章	tube	n. 管子，地铁
art	n. 艺术	concert hall	音乐厅
greyhound	n. 灰狗	booklet	n. 小册子
camp	n. 露营		

transport [træn'spɔːt] *v.* 运送

机经词汇 transportation [ˌtrænspɔː'teɪʃn] *n.* 运费，运送，运输，流放
free transportation 免费运送

rush *n.& v.* 赶快

机经词汇 rush hour 交通高峰期

train [treɪn] *n.* 火车

复数 trains [treɪnz]

traffic ['træfɪk] *n.* 交通

机经词汇 traffic jam 交通堵塞
traffic flow 车流
traffic safety 交通安全
traffic rules 交通规则

congestion [kən'dʒestʃən] *n.* 拥挤

wheel [wiːl] *n.* 方向盘，车轮

复数 wheels [wiːlz]

ferry ['ferɪ] *n.* 轮渡

复数 ferries ['ferɪz]

coach [kəutʃ] *n.* 长途汽车

bicycle ['baɪsɪkl] *n.* 自行车

复数 bicycles ['baɪsɪklz]

taxi ['tæksɪ] *n.* 出租车

机经词汇 cab [kæb] *n.*（旧时）出租马车

taxi stand 出租车站

Tips: cab与taxi可以互相换用。

trolley ['trɔlɪ] *n.* 电车

机经词汇 tram [træm] *n.* 有轨电车

steam [stiːm] *n.* 蒸汽

机经词汇 ship [ʃɪp] *n.* 船

steam engine ship 蒸汽船

driver ['draɪvə(r)] *n.* 司机

复数 drivers ['draɪvə(r)z]

机经词汇 driving ['draɪvɪŋ] *n.* 开车

driving license 驾照

driver's license 驾照

rental ['rentl] *n.* 租

机经词汇 car rental 租车

cable ['keɪbl] *n.* 电缆，有线电视

Tips: 雅思考试中介绍伦敦（London）的地下情况，提到了地下埋藏电缆。

机经词汇 cable car 缆车

walk [wɔːk] *n.* 步行

机经词汇 on foot 步行

walking 步行

local walking club 当地徒步俱乐部

tractor ['træktə(r)] *n.* 拖拉机

motorcycle ['məutə(r)'saɪkl] *n.* 摩托车

cycle ['saɪkl] *n.* 自行车

light [laɪt] *n.* 灯

复数 lights [laɪts]

机经词汇 traffic lights 交通灯

bus [bʌs] *n.* 公共汽车

复数 buses ['bʌsɪz]

机经词汇 bus route 公车路线

bus pass 月票

railway ['reɪlweɪ] *n.* 铁路

机经词汇 railway worker 铁路工人

railway rail 铁轨

railway tracks 铁轨

underground ['ʌndəgraʊnd] *adj.* 地下的

机经词汇 underground car park 地下停车场

underground railway 地铁

wheelchair ['wi:ltʃeə(r)] *n.* 轮椅

cave [keɪv] *n.* 洞穴

复数 caves [keɪvz]

temple ['templ] *n.* 寺庙

复数 temples ['templz]

机经词汇 temple wall 寺庙的墙

storehouse and temples 仓库和寺庙

tool [tuːl] *n.* 工具

复数 tools [tuːlz]

机经词汇 garden tools 园艺工具

tower ['taʊə(r)] *n.* 塔

Japanese Pagoda 日本塔

Tips: Pagoda的读音为 [pə'gəʊdə] 。

regulation [ˌregjʊ'leɪʃn] *n.* 规章制度

复数 regulations [ˌregjʊ'leɪʃnz]

机经词汇 safety regulations 安全规章

Tips: 雅思考试场景中曾考到“safety regulations”。

entertainment [ˌentə'teɪnmənt] *n.* 娱乐

机经词汇 recreation=leisure=pastime 娱乐

wise [waɪz] *adj.* 明智的

advisable [əd'vaɪzəbl] *adj.* 明智的

dangerous ['deɪndʒərəs] *adj.* 危险的

hazardous ['hæzədəs] *adj.* 冒险的，危险的

agency ['eɪdʒənsɪ] *n.* 代理机构，中介

机经词汇 travel agency 旅行社

housing agency 房屋中介

fossil ['fɒsl] *n.* 化石

复数 fossils ['fɒslz]

leisure ['leʒə(r)] *n.* 休闲

机经词汇 leisure activities 休闲活动

route [ruːt] *n.* 路线

机经词汇 bus routes 乘车路线
cycling route 骑车路线

reserve [rɪˈzɜːv] *v.* 预订

机经词汇 book in advance 预订

ballroom [ˈbɔːlruːm] *n.* 舞会

Tips: 化妆舞会（fancy ball）上要穿奇装异服（fancy dress）。

safari [səˈfɑːrɪ] *n.* 野生动物园

机经词汇 safari zoo 野生动物园
safari park 野生动物园

flight [flaɪt] *n.* 航班

机经词汇 non-stop flight 直达航班
connecting flight 转机
flight number 航班号

castle [ˈkɑːsl] *n.* 城堡

复数 castles [ˈkɑːslz]

touring [ˈtʊə(r)ɪŋ] *n.* 旅游

woods [wʊdz] *n.* 森林

Tips: 不能少s。

lake [leɪk] *n.* 湖

复数 lakes [leɪks]

occasion [əˈkeɪʒn] *n.* 场合

复数 occasions [əˈkeɪʒnz]

site [saɪt] *n.* 位置，地点

复数 sites [saɪts]

易混 sight [saɪt] *n.* 视界，视野

passport ['pɑːspɔːt] *n.* 护照

机经词汇 passport photos 护照照片

Tips: photo的复数形式为直接加s。

smoking ['sməʊkɪŋ] *n.* 吸烟

机经词汇 smoke [sməʊk] *v.* 吸烟

date [deɪt] *n.* 日期

机经词汇 date-line 国际日期变更线

poor area 不发达的地区

place [pleɪs] *n.* 位置

复数 places ['pleɪsɪz]

机经词汇 work place 工作地点

weekly ['wiːklɪ] *adj.* 每周的

机经词汇 weekly return 一周往返

emergency [ɪ'mɜːdʒənsɪ] *n.* 紧急

复数 emergencies [ɪ'mɜːdʒənsɪz]

机经词汇 emergency contact person 紧急联系人

emergency telephone number 紧急电话号码

central ['sentrəl] *adj.* 中央的

Tips: 这个单词在雅思考试中经常与地点相连。例如: Central Park, Central Station和 Central Avenue。

town [taʊn] *n.* 小镇

机经词汇 downtown [ˌdaʊn'taʊn] *n.* 市中心

wildlife ['waɪldlaɪf] *n.* 野生动物、植物

Tips: 包括“ wild animals ”和“ vegetation”。

postcode ['pəʊstkəʊd] *n.* 邮编

Tips: 雅思考试中的邮编都是字母和数字的组合。

region ['riːdʒən] *n.* 地区

机经词汇 regional ['riːdʒənl] *adj.* 局域的

mountain ['maʊntɪn] *n.* 山脉

复数 mountains ['maʊntɪnz]

ancient ['eɪnʃənt] *adj.* 古代的

机经词汇 ancient temple 古庙

palace ['pælɪs] *n.* 宫殿

复数 palaces ['pælɪsɪz]

map [mæp] *n.* 地图

复数 atlas ['ætləs] *n.* 地图册

Tips: 雅思听力中会出现地图题，最关键的一点，要注意顺序原则。一般来说，说话人都是从入口开始介绍的，或者是入口正对的位置，然后就按照他说的方位找就可以了。写的时候要注意大小写的问题，比如Main Hall，Drama Theatre等，大多数情况需要将每个单词的首字母大写。

机经词汇 map of cave 山洞的地图
road map 道路图
route map 路线图

parking ['pɑːkɪŋ] *n.* 停车

机经词汇 park [pɑːk] *v.* 停车

setting ['setɪŋ] *n.* 位置

position [pə'zɪʃn] *n.* 位置，方位

beach [biːtʃ] *n.* 海滩

Tips: 雅思考试中出现过“eastern beach”。

creek [kriːk] *n.* 小溪

复数 creeks [kriːkz]

机经词汇 lakes [leɪkz] *n.* 湖泊

rivers ['rɪvə(r)z] *n.* 河流

manmade dam 人造大坝

wretched boat 废弃的船

skiing ['skiːɪŋ] *n.* 滑雪

机经词汇 water skiing 滑水

excursion [ɪk'skɜːʃn] *n.* 远足

hike [haɪk] *n.* 远足

helmet ['helmɪt] *n.* 头盔

机经词汇 safety helmet 安全头盔

coastal ['kəʊstl] *adj.* 海边的

机经词汇 coast [kəʊst] n. 海边

tourism ['tʊərɪzəm] *n.* 旅游业

Queen's [kwiːns] *adj.* 女王的

机经词汇 Queen's Park 女王公园

junction ['dʒʌŋkʃn] *n.* 交汇处，交叉路口

Tips: intersection, crossroads, junction和clover-leaf都可以表示“十字路口”。雅思听力中曾考过的是“ traffic jam at junction 6”。

express [ɪk'spres] *n.* 表达，快速

机经词汇 express train 特快列车

express way 高速公路

landscape ['lændskeɪp] *n.* 风景

per [pə(r)] *prep.* 每，每人

机经词汇 per person 每个人

per day 每天

per month 每月

per week 每周

per year 每年

Tips: 雅思听力考试中经常出现“每个人的费用”，就用这个词组表示。

population [ˌpɒpjʊ'leɪʃn] *n.* 人口

Tips: 修饰这个词一定要用large或者small。size of population可以指人口的多少，也可以指动物数量的多少。

机经词汇 population of crocodiles 鳄鱼的数量

rapid population growth 快速人口增长

population explosion 人口爆炸

person ['pɜːsn] *n.* 人

机经词汇 personal ['pɜːsənl] *adj.* 个人的

personnel [ˌpɜːsə'nel] *n.* 人事

Tips: personnel的重音在后面，双写n。

accident ['æksɪdənt] *n.* 事故

复数 accidents ['æksɪdənts]

exhibition [ˌeksɪ'bɪʃn] *n.* 展览

机经词汇 education exhibition 教育展

exhibition of instruments 乐器展

ocean ['əʊʃn] *n.* 海洋

sea [siː] *n.* 海洋

landmark ['lændmɑːk] *n.* 路标

Tips: 雅思考试中也出现过land mark这种写法。

sail [seɪl] *n.* 帆，乘船旅行

height [haɪt] *n.* 高度

altitude ['æltɪtjuːd] *n.* 海拔，高度

destination [ˌdestɪ'neɪʃn] *n.* 目的地

机经词汇 arrive at one's destination 到达目的地

reach one's destination 到达目的地

track [træk] *n.* 轨迹

机经词汇 railway tracks 铁轨

tunnel ['tʌnl] *n.* 隧道

复数 tunnels ['tʌnlz]

机经词汇 wind tunnels 风洞

arm badge 胳膊上带的臂章

tube [tjuːb] *n.* 管子，地铁

Tips: 地铁用tube, metro, underground和subway都可以表达。

art [ɑːt] *n.* 艺术

机经词汇 art gallery 画廊, 艺术馆

concert hall 音乐厅

greyhound ['greɪhaʊnd] *n.* 灰狗

Tips: greyhound bus 是城市公交的一种。

booklet ['bʊklɪt] *n.* 小册子

camp [kæmp] *n.* 露营

住宿类型

WORD LIST			
high-rise	n. 高层（建筑）	resident	n. 居民
suburb	n. 郊区	outskirts	n. 市郊
countryside	n. 乡村	village	n. 小村庄
cottage	n. 农舍小屋	rural	adj. 乡下的
flat	n. 公寓	lounge	n. 休息大厅
residence	n. 居住	house	n. 房子
city	n. 城市	ground	n. 地面
accommodation	n. 住宿	roommate	n. 室友
available	adj. 可获得的，有时间的	bedroom	n. 卧室
apartment	n. 公寓	hotel	n. 酒店
motel	n. 汽车旅馆	foyer	n. 门厅
bathroom	n. 卫生间	standard suite	标准间
building	n. 建筑物	wing	n. 配楼，厢房
landmark	n. 标志性的建筑	block	n. 街区
address	n. 地址	alley	n. 小巷，道
avenue	n. 大街	street	n. 街道
road	n. 路	residential college	大学里的寄宿学院
postcode	n. 邮编	shared	adj. 共享的
occupant	n. 居住者	girlfriend	n. 女友
landlady	n. 女房东	non-drinker	n. 不喝酒的人
neighbouring	adj. 附近的		

high-rise *n.* 高层（建筑）

机经词汇 high-rise buildings 高层建筑

resident ['rezɪdənt] *n.* 居民

复数 residents ['rezɪdənts]

机经词汇 hall of residence 英国学生宿舍

Tips: 英国学生宿舍是“hall of residence”（复数为 halls of residence），而非“dormitory”。常见错误：house of residence, halls of residences, halls of residents等。

suburb ['sʌbɜːb] *n.* 郊区

outskirts ['aʊtskɜːts] *n.* 市郊

Tips: 这个单词本身就有s。

countryside ['kʌntrɪsaɪd] *n.* 乡村

village ['vɪlɪdʒ] *n.* 小村庄

cottage ['kɒtɪdʒ] *n.* 农舍小屋

rural ['rʊərəl] *adj.* 乡下的

机经词汇 rural area 乡下地区
urban area 城市地区

flat [flæt] *n.* 公寓

复数 flats [flæts]

lounge [laʊndʒ] *n.* 休息大厅

Tips: 雅思中还有个怪词——foyer['fɔɪeɪ]（门厅，玄关），这个单词的发音一定要注意。

residence ['rezɪdəns] *n.* 居住

机经词汇 common residence 普通住宅

house [haʊs] *n.* 房子

Tips: 是指独门独院的房子。

机经词汇 flat（英式）公寓

apartment（美式）公寓

studio apartment 筒子楼

Tips: “筒子楼”指小套房，有一个卧室、一个厨房和一个卫生间。

bungalow ['bʌŋɡələʊ] *n.* 平房

cottage ['kɒtɪdʒ] *n.* 农舍小屋

terraced house （英）联排房屋

row house （美）联排房屋

city ['sɪtɪ] *n.* 城市

复 数 cities ['sɪtɪz]

Tips: 另外一种“城市”的说法是urban area，它对应的反义词是rural area（乡村地区）。

city's expansion表示“城市扩张”，这里一定要写成city's，而不是cities。

ground [graʊnd] *n.* 地面

英式用法	ground floor 底层，一楼 first floor 二楼 second floor 三楼
美式用法	first floor 一楼 second floor 二楼 third floor 三楼

accommodation [əˌkɒmə'deɪʃn] *n.* 住宿

公寓	flat [flæt]（英） apartment [ə'pɑːtmənt]（美）
学生宿舍	dormitory ['dɔːmɪtrɪ]（缩写：dorm)（美） hall of residence (英) hall of residence 这个词是雅思考试专用词
学生旅店	student hostel
青年旅店	youth hostel
留宿当地居民家	homestay，host family

roommate ['ruːmmeɪt] *n.* 室友

复数 roommates ['ruːmmeɪts]

available [ə'veɪləbl] *adj.* 可获得的，有时间的

Tips: 雅思考试中一般常指房间空闲。例如：No room is available now。

bedroom [bedruːm] *n.* 卧室

apartment [ə'pɑːtmənt] *n.* 公寓

Tips: 学校的公寓里有家具，而且租金中包含水电费用。

hotel [həʊ'tel] *n.* 酒店

复数 hotels [həʊ'telz]

motel [məʊ'tel] *n.* 汽车旅馆

foyer ['fɔɪeɪ] *n.* 门厅

Tips: 注意发音['fɔɪeɪ]，此词是个法语词，表示“门厅、门廊”，也作“（戏院或旅馆的）休息室或接待室”。

bathroom ['bɑːθruːm] *n.* 卫生间

Tips: 雅思中常考到shared bathroom（共用卫生间）。

机经词汇 private bathroom 私人卫生间

standard suite 标准间

机经词汇 Honeymoon suite 蜜月套房

Queen's suite 皇后套房

King's suite 国王套房

President's suite 总统套房

bedsit ['bedsɪt] *n.* （卧室兼起居室的）小套房

building ['bɪldɪŋ] *n.* 建筑物

复数 buildings ['bɪldɪŋs]

wing [wɪŋ] *n.* 配楼，厢房

机经词汇 annex [ə'neks] *n.* 配楼（附属建筑）

Tips: 一定要会背诵出这个词。

landmark ['lændmɑːk] *n.* 标志性的建筑

block [blɒk] *n.* 街区

复数 blocks [blɒks]

机经词汇 complex ['kɒmpleks] *n.* 建筑群或街区

address [ə'dres] *n.* 地址

Tips: 这个词有两种读音，重音在前在后都可以，即[ə'dres]或者['ædres]。在澳音中很怪，读成[ə'drɪs]。

alley ['ælɪ] *n.* 小巷，道

机经词汇 bowling alley 保龄球道

avenue ['ævənjuː] *n.* 大街

Tips: Lane（巷），Street（街），Road（马路）和Avenue（大街）这4个词是雅思听力中必备的。雅思中考过11 Lake Avenue, Central Avenue。考试中，这些单词的首字母必须大写。

street [striːt] *n.* 街道

复数 streets [striːts]

Tips: 雅思考到Lane（小巷）、Avenue（街）、Road（路）和Drive（车道）这些词，首字母需要大写。University Drive（一条街道的名字）。

road [rəʊd] *n.* 路

复数 roads [rəʊdz]

Tips: 注意区分roads和rose，例如Rose Garden，就不能写成Roads Garden；再如Rose Lane也不能写成Roads Lane。

residential college 大学里的寄宿学院

Tips: boarding school指小学、初中或高中的寄宿。

postcode ['pəʊstkəʊd] *n.* 邮编

shared [ʃeə(r)d] *adj.* 共享的

机经词汇 shared social area 公共活动区

occupant ['ɒkjʊpənt] *n.* 居住者

复数 occupants ['ɒkjʊpənts]

Tips: 雅思考试中考到过"number of occupants（几个人一起住）"。

girlfriend ['gɜːlfrend] *n.* 女友

机经词汇 boyfriend ['bɔɪfrend] *n.* 男友

landlady ['lændleɪdɪ] *n.* 女房东

机经词汇 landlord ['lændlɔːd] *n.* 男房东

non-drinker *n.* 不喝酒的人

机经词汇 non-smoker 不吸烟的人

neighbouring ['neɪbərɪŋ] *adj.* 附近的

机经词汇 neighbour ['neɪbə(r)] *n.* 邻居

设施

WORD LIST			
sound	n. 声音	speaker	n. 演讲者，扬声器
radio	n. 收音机	lamp	n. 灯
warm	adj. 温暖的	camera	n. 相机
towel	n. 毛巾	vacuum	n. 真空
hoover	n. 吸尘器	curtain	n. 窗帘
TV	n. 电视	water heater	热水器
phone	n. 电话	lift	n. 电梯
elevator	n. 电梯，起重机	incoming	n. 打入的（电话）
phone-in	打入电话	fridge	n. 冰箱

sound [saʊnd] *n.* 声音

机经词汇 computer sound card 电脑声卡

sound effect 音效

speaker ['spiːkə] *n.* 演讲者，扬声器

机经词汇 loud speaker 扬声器

radio ['reɪdɪəʊ] *n.* 收音机

Tips: 注意这个单词的复数是radios。

lamp [læmp] *n.* 灯

复数 lamps [læmps]

warm [wɔːm] *adj.* 温暖的

机经词汇 warm bath 热水澡

camera ['kæmərə] *n.* 相机

机经词汇 digital camera 数码相机

towel ['taʊəl] *n.* 毛巾

Tips: 要注意与“tower”的发音差别。

vacuum ['vækjʊəm] *n.* 真空

机经词汇 vacuum the stairs 用真空吸尘器来清洁楼梯

vacuum cleaner 吸尘器

hoover ['hu:və(r)] *n.* 吸尘器

curtain ['kɜ:tn] *n.* 窗帘

复数 curtains ['kɜ:tnz]

TV [ˌti: 'vi:] *n.* 电视

机经词汇 closed-circuit TV 闭路电视

water heater 热水器

phone [fəʊn] *n.* 电话

机经词汇 phone bill 电话账单

phone-in 打入电话

lift [lɪft] *n.* 电梯

elevator ['elɪveɪtə(r)] *n.* 电梯，起重机

incoming ['ɪnkʌmɪŋ] *n.* 打入的（电话）

机经词汇 incoming calls 打入的电话

Tips: 租房场景中，有些房东只允许房客接电话 “incoming call”。

phone-in 打入电话

fridge [frɪdʒ] *n.* 冰箱

机经词汇 refrigerator [rɪ'frɪdʒəreɪtə(r)] *n.* 冰箱

其他常见家电

WORD LIST			
microwave oven	微波炉	washing machine	洗衣机
air-conditioner	空调	electric fan	电风扇
radiator	*n.* 冷却器，电暖炉	toaster	*n.* 烤面包机
heating	*n.* 供热，供暖	pre-booking	*n.* 预订
lock	*n.* 锁	shower	*n.* 淋浴
basement	*n.* 地下室	sheet	*n.* 床单
bath	*n.* 洗澡	blanket	*n.* 毯子
smoke alarms	烟雾警报	key	*adj.* 重点的，关键的
reservation	*n.* 保留，预订	private	*adj.* 私人的
electricity	*n.* 电	door	*n.* 门
isolated	*adj.* 与世隔绝的	spot	*n.* 地点
remark	*n.* 评价	settlement	*n.* 定居
disturbance	*n.* 打扰	insurance	*n.* 保险
construction	*n.* 建设	letter	*n.* 信，字母
mail	*n.* 邮件	window	*n.* 窗户
smoke	*n.* 烟	community	*n.* 社区
code	*n.* 密码	alteration	*n.* 改变
decoration	*n.* 装修	bedsheet	*n.* 床单
garage	*n.* 车库	toilet	*n.* 卫生间
wall	*n.* 墙	pump	*n.* 泵
large-scale housing	大规模住房		

microwave oven 微波炉

washing machine 洗衣机

air-conditioner 空调

electric fan 电风扇

radiator ['reɪdɪeɪtə(r)] *n.* 冷却器，电暖炉

toaster ['təʊstə] *n.* 烤面包机

heating ['hiːtɪŋ] *n.* 供热，供暖

机经词汇 free for heating 免费供暖

central heating 中央供暖

pre-booking *n.* 预订

lock [lɒk] *n.* 锁

机经词汇 self-locking 自锁

double lock 反锁

Tips: 这个词组在雅思考试中经常出现。

shower ['ʃaʊə(r)] *n.* 淋浴

basement ['beɪsmənt] *n.* 地下室

sheet [ʃiːt] *n.* 床单

机经词汇 bedsheet ['bedʃiːt] *n.* 床单

bath [bɑːθ] *n.* 洗澡

机经词汇 warm bath 热水澡

blanket ['blæŋkɪt] *n.* 毯子

机经词汇 weaving blanket 编织毯子

rubber blanket 橡胶毯

fire blanket 灭火毯

smoke alarms 烟雾警报

机经词汇 personal alarm 个人警报

fire alarm 火警

alarm system 警报系统

key [kiː] *adj.* 重点的，关键的

复数 keys [kiːz]

机经词汇 key to reception 接待处钥匙

door key 门钥匙

grasp key words 抓住关键词

house key 门钥匙

reservation [ˌrezəˈveɪʃn] *n.* 保留，预订

机经词汇 book reservation 预订书

private [ˈpraɪvɪt] *adj.* 私人的

机经词汇 private school 私立学校

private trip 私人旅行

electricity [ɪˌlekˈtrɪsətɪ] *n.* 电

机经词汇 generation of electricity 发电

Tips: 租房场景中，会问是否要为水（water）、气（gas）、电（electricity）付账。

door [dɔː(r)] *n.* 门

复数 doors [dɔː(r)z]

isolated [ˈaɪsəleɪtɪd] *adj.* 与世隔绝的

机经词汇 isolated spot 离市区远的地方

spot [spɒt] *n.* 地点

机经词汇 isolated spot 离市区远的地方

remark [rɪ'mɑːk] *n.* 评价

机经词汇 comment ['kɒment] *n.* 评价

settlement ['setlmənt] *n.* 定居

disturbance [dɪ'stɜːbəns] *n.* 打扰

Tips: 这个单词常出现于租房场景中。

insurance [ɪn'ʃɔːrəns] *n.* 保险

机经词汇 life insurance 寿险

house insurance 财险

insurance companies 保险公司

construction [kən'strʌkʃn] *n.* 建设

机经词汇 construct [kən'strʌkt] *v.* 建筑

letter ['letə(r)] *n.* 信，字母

复 数 letters ['letə(r)z]

mail [meɪl] *n.* 邮件

复 数 mails [meɪlz]

易 混 male [meɪl] *n.* 男性，雄性

机经词汇 special mail 速递

registered mail 挂号信

Tips: 注意发音。mail和 mile [maɪl]不一样。

window ['wɪndəʊ] *n.* 窗户

机经词汇 window dressing 商店橱窗装饰

lock all windows 锁上窗户

smoke [sməʊk] *n.* 烟

复数 smokers ['sməʊkəz] *n.* 抽烟者

community [kə'mjuːnətɪ] *n.* 社区

code [kəʊd] *n.* 密码

机经词汇 password ['pɑːswɜːd] *n.* 密码

alteration [ˌɔːltə'reɪʃn] *n.* 改变

decoration [ˌdekə'reɪʃn] *n.* 装修

bedsheet ['bedʃiːt] *n.* 床单

garage ['gærɑːʒ] *n.* 车库

Tips: 这个词在租房场景中经常出现。

toilet ['tɔɪlɪt] *n.* 卫生间

wall [wɔːl] *n.* 墙

复数 walls [wɔːlz]

pump [pʌmp] *n.* 泵

机经词汇 hand pump 手提式灭火器

air pump 空气泵

large-scale housing 大规模住房

家具

WORD LIST			
furniture	*n.* 家具	cream	*adj.* 奶油色的
desk	*n.* 书桌	chair	*n.* 椅子
table	*n.* 桌子，图表	cabinet	*n.* 橱柜
drawer	*n.* 抽屉	cot	*n.* 轻便小床
bed	*n.* 床	size	*n.* 大小
double	*adj.* 双的	twin room	一个房间里有两张单人床

furniture ['fɜːnɪtʃə(r)] *n.* 家具

Tips: 这是不可数名词。

cream [kriːm] *adj.* 奶油色的

Tips: 雅思考试中指家具的颜色。

desk [desk] *n.* 书桌

复数 desks [desks]

机经词汇 desk lamp 台灯

chair [tʃeə(r)] *n.* 椅子

复数 chairs [tʃeə(r)z]

table ['teɪbl] *n.* 桌子，图表

复数 tables ['teɪblz]

cabinet ['kæbɪnɪt] *n.* 橱柜

drawer [drɔː(r)] *n.* 抽屉

Tips: 这个单词要注意发音。

cot [kɒt] *n.* 轻便小床

bed [bed] *n.* 床

复数 beds [bedz]

size [saɪz] *n.* 大小

机经词汇 比较特别的床的尺寸：

king-sized bed	1.8m×2.0m长的床
queen-sized bed	1.5m×2.0m长的床

Tips: 雅思考试原句：The size of the bicycle is determined by the size of the frame. 此外还问过调查中的样本大小和人数多少（size of sample）。

易混 sides [saɪdz] *n.* 边

double ['dʌbl] *adj.* 双的

机经词汇 double room 配有一张双人床的房间

twin room 配有两张单人床的房间

Tips: 考试中出现人名或地名的地方，通常都会把每个字母拼出来，这时候要注意oo（double o）、ll（double l）与w的发音非常像，尤其是uu（double u，例如vacuum），跟w的区别更小。

饮食场景词汇

场所

WORD LIST			
dining	*n.* 吃饭	restaurant	*n.* 餐厅
cafe	*n.* 咖啡厅	cafeteria	*n.* 咖啡店，自助餐厅
canteen	*n.* 食堂		

dining ['daɪnɪŋ] *n.* 吃饭

机经词汇 dining room 餐厅

dining hall 餐厅，学校的餐厅

Tips: 注意dining不能写成dinning。

restaurant ['restərɒnt] *n.* 餐厅

复数 restaurants ['restərɒnts]

机经词汇 Riverside Restaurant 河边餐厅（雅思考试中出现过的一个餐厅的名字）

seafood restaurant 海鲜店

self-service restaurant 自助餐厅

cafe ['kæfeɪ] *n.* 咖啡厅

机经词汇 coffee shop 咖啡店

cafeteria [ˌkæfə'tɪərɪə] *n.* 咖啡店，自助餐厅

canteen [kæn'tiːn] *n.* 食堂

饮料

WORD LIST			
drinking	*n.* 饮水，喝	drink	*n.* 饮料
milk	*n.* 牛奶	cola	*n.* 可乐
refreshment	*n.* 饮料	drinks and snacks	饮料和零食
water	*n.* 水	tea	*n.* 茶
juice	*n.* （果）汁	mineral	*n.* 矿物

drinking ['drɪŋkɪŋ] *n.* 饮水，喝

机经词汇 drinking machine 饮水机

drink [drɪŋk] *n.* 饮料

复数 drinks [drɪŋks]

Tips: 雅思考试中常出现的饮料是tea（茶）, coffee（咖啡）, fruit juice（果汁）, orange juice（桔汁）, apple juice（苹果汁）和coke（可乐）。

机经词汇 soft drinks = beverage 软饮料

milk [mɪlk] *n.* 牛奶

机经词汇 the Milky Way = galaxy 银河

cola ['kəʊlə] *n.* 可乐

机经词汇 coke [kəʊk] *n.* 可乐

refreshment [rɪ'freʃmənt] *n.* 饮料

机经词汇 refreshments [rɪ'freʃmənts]

drinks and snacks 饮料和零食

water ['wɔːtə(r)] *n.* 水

机经词汇 mineral water 矿泉水

still water 纯净水

waterproof 防水的

tea [tiː] *n.* 茶

Tips: 英国有时候管晚餐也叫“tea”，大概在晚上6点左右开始。

机经词汇 black tea 红茶

juice [dʒuːs] *n.* （果）汁

机经词汇 fruit juice 果汁

apple juice 苹果汁

orange juice 橙汁

mineral ['mɪnərəl] *n.* 矿物

复数 minerals

机经词汇 mineral water 矿泉水

食物

WORD LIST			
dinner	*n.* 晚餐	food	*n.* 食物
eating	*n.* 吃饭	cooking	*n.* 做饭
burger	*n.* 汉堡	smelly	*adj.* 有臭味的
steak	*n.* 牛排	picnic	*n.* 野餐
barbecue	*n.* 烧烤	rice	*n.* 大米
meal	*n.* 膳食	kitchen	*n.* 厨房
vegetarian	*n.* 素食主义者	fish	*n.* 鱼
meat	*n.* 肉类	cheese	*n.* 奶酪
fruit	*n.* 水果	sugar	*n.* 糖
salt	*n.* 盐	sauce	*n.* 酱油
vinegar	*n.* 醋	flour	*n.* 面粉
utensil	*n.* 器具	pizza	*n.* 比萨
hot dog	热狗	protein	*n.* 蛋白质
spoon	*n.* 勺子	vegetable	*n.* 蔬菜
tomato	*n.* 西红柿	starter	*n.* 开胃品
desert	*n.* 沙漠	dessert	*n.* 甜点
dish	*n.* 菜	sandwich	*n.* 三明治
nut	*n.* 坚果	salad	*n.* 沙拉
coffee	*n.* 咖啡	catering	*n.* 饮食 *v.* 迎合
dairy	*adj.* 牛奶的	buffet	*n.* 自助餐
cutlery	*n.* 餐具	cup	*n.* 杯子
low nutrition	低营养	snack	*n.* 快餐，零食

dinner ['dɪnə(r)] *n.* 晚餐

复数 dinners ['dɪnə(r)z]

food [fuːd] *n.* 食物

机经词汇 seafood ['siːfuːd] *n.* 海鲜

eating ['iːtɪŋ] *n.* 吃饭

机经词汇 breakfast ['brekfəst] *n.* 早餐

lunch [lʌntʃ] *n.* 午餐

dinner ['dɪnə(r)] *n.* 晚餐

cooking ['kʊkɪŋ] *n.* 做饭

机经词汇 cook [kʊk] *v.* 做饭

burger ['bɜːgə(r)] *n.* 汉堡

机经词汇 hamburger ['hæmbɜːgə(r)] *n.* 汉堡包

vegetable burger 蔬菜堡

smelly ['smelɪ] *adj.* 有臭味的

机经词汇 smell [smel] *n.* 气味，臭味

steak [steɪk] *n.* 牛排

机经词汇 steak set 一套牛排刀叉

picnic ['pɪknɪk] *n.* 野餐

barbecue ['bɑːbɪkjuː] *n.* 烧烤

Tips: 也可以拼成barbeque。

rice [raɪs] *n.* 大米

Tips: “米饭”也用rice。

meal [miːl] *n.* 膳食

Tips: meals [miːlz]

机经词汇 hot meal 热饭

kitchen ['kɪtʃɪn] *n.* 厨房

机经词汇 kitchen table 餐桌

vegetarian [ˌvedʒɪ'teərɪən] *n.* 素食主义者

fish [fɪʃ] *n.* 鱼

机经词汇 fish cakes 鱼饼

fishing ['fɪʃɪŋ] *n.* 钓鱼

meat [miːt] *n.* 肉类

易混 meet [miːt] *v.* 见面；遇到

机经词汇 meat and cheese 肉类和乳酪

Tips: 白肉（white meat）包括鱼（fish）、鸡肉（chicken）和鸭肉（duck）。红肉（red meat）包括猪肉（pork）、羊肉（lamb, mutton）和牛肉（beef）。

cheese [tʃiːz] *n.* 奶酪

机经词汇 cheese production 奶酪生产

meat and cheese 肉和奶酪

fruit [fruːt] *n.* 水果

机经词汇 fruit trees 果树

sugar ['ʃʊgə(r)] *n.* 糖

salt [sɔːlt] *n.* 盐

sauce [sɔːs] *n.* 酱油

vinegar ['vɪnɪgə(r)] *n.* 醋

flour ['flaʊə(r)] *n.* 面粉

utensil [ju:'tensl] *n.* 器具

复数 utensils [ju:'tenslz]

机经词汇 kitchen utensils 厨房器皿

pizza ['pi:tsə] *n.* 比萨

hot dog 热狗

protein ['prəʊti:n] *n.* 蛋白质

Tips: 其他人体必备的物质：碳水化合物（carbohydrate）、维生素（vitamin）、糖类（sugar）、油脂（fat）、矿物（mineral）和水（water）。

spoon [spu:n] *n.* 勺子

复数 spoons [spu:nz]

vegetable ['vedʒtəbl] *n.* 蔬菜

机经词汇 vegetable burger 蔬菜堡

tomato *n.* 西红柿

复数 tomatoes

starter ['stɑ:tə(r)] *n.* 开胃品

Tips: 西餐上菜程序是开胃菜（starter）、主菜（main course）、甜点（dessert）。

desert ['dezɜ:t] *n.* 沙漠

Tips: 另外一个读音是[dɪ'zɜ:t] *v.* 抛弃。

dessert [dɪ'zɜ:t] *n.* 甜点

Tips: 与desert的发音完全一样，要根据上下文意思区分。

dish [dɪʃ] *n.* 菜

复数 dishes ['dɪʃɪz]

sandwich ['sænwɪdʒ] *n.* 三明治

nut [nʌt] *n.* 坚果

复数 nuts [nʌts]

机经词汇 no nuts 不吃坚果

salad ['sæləd] *n.* 沙拉

复数 salads

coffee ['kɒfɪ] *n.* 咖啡

机经词汇 coffee break 休息时间

coffee machine 咖啡机

instant coffee 即溶咖啡

drink less coffee 少喝咖啡

catering ['keɪtə(r)ɪŋ] *n.* 饮食 *v.* 迎合

机经词汇 catering staff 餐饮部员工

cater to 迎合

dairy ['deərɪ] *adj.* 牛奶的

buffet ['bʊfeɪ] *n.* 自助餐

cutlery ['kʌtlərɪ] *n.* 餐具

cup [kʌp] *n.*杯子

复数 cups [kʌps]

low nutrition 低营养

snack [snæk] *n.* 快餐，零食

Tips: mid-morning snacks （上午）间食（上午10点左右，学生可以喝咖啡，吃小点心）。

日常

WORD LIST			
shop	*n.* 商店	item	*n.* 项目，货品，东西

shop [ʃɒp] *n.* 商店

复数 shops [ʃɒps]

机经词汇 local shop 当地商店

coffee shop 咖啡店

workshop ['wɜːkʃɒp] *n.* 工作室，车间

bookshop ['bʊkʃɒp] *n.* 书店

shopping center 购物中心

shopping mall 购物中心

shopping ['ʃɒpɪŋ] *n.* 购物

online shopping 电子购物

item ['aɪtəm] *n.* 项目，货品，东西

复数 items ['aɪtəmz]

机经词汇 single item 单件物品

晚会

WORD LIST			
decoration	n. 装修，装饰	interest	n. 兴趣
festival	n. 节日	balloon	n. 气球
guest	n. 客人	waiter	n. 服务生，男服务生
waitress	n. 女服务员		

decoration [ˌdekəˈreɪʃn] *n.* 装修，装饰

复数 decorations [ˌdekəˈreɪʃnz]

机经词汇 decoration balloons 装饰气球

interest [ˈɪntrəst] *n.* 兴趣

机经词汇 interesting [ˈɪntrəstɪŋ] *adj.* 有趣的

Tips: 雅思考试中这个词常出现在party场景中。

festival [ˈfestəvl] *n.* 节日

机经词汇 film festival 电影节

balloon [bəˈluːn] *n.* 气球

复数 balloons [bəˈluːnz]

机经词汇 decoration balloon 装饰气球

guest [gest] *n.* 客人

复数 guests [gests]

waiter [weɪtə] *n.* 服务生，男服务生

waitress [ˈweɪtrɪs] *n.* 女服务员

服装

WORD LIST			
dress code	着装要求	clothes	*n.* 服装
casual	*adj.* 随便的	cloth	*n.* 布
walking	*n.* 步行	swimming	*n.* 游泳
dark	*adj.* 黑暗的，深色的	dress	*n.* 服装，连衣裙
fancy	*n. & adj.* 喜欢；奇怪的	wear	*n. & v.* 穿着
skirt	*n.* 短裙	jeans	*n.* 牛仔服
rain	*n.* 雨，下雨	sportswear	*n.* 运动服
sweater	*n.* 毛衣	comfortable	*adj.* 舒适的
trousers	*n.* 裤子	uniform	*n.* 制服
suit	*n.* 西装	boot	*n.* 靴子
costume	*n.* 服装	blouse	*n.* 女式衬衫
dressing	*n.* 装饰，穿衣	shoe	*n.* 鞋
sandal	*n.* 凉鞋	jacket	*n.* 夹克
spare socks	备用袜子		

dress code 着装要求

clothes [kləʊð] *n.* 服装

机经词汇 formal clothes 正式服装

casual clothes 休闲服

comfortable clothes 舒服的衣服

Tips: 这个单词要注意最后没有[z]的发音。另外，要注意拼写。

casual ['kæʒʊəl] *adj.* 随便的

机经词汇 casual clothes 休闲装

cloth [klɒθ] *n.* 布

机经词汇 clothing ['kləʊðɪŋ] *n.* 服装

Tips: 注意发音，这个单词和clothes中元音的读法不一样。真题中考过的词组是：silver cloth（银布），是用来回答stuff of purse（钱包材料）的。

walking ['wɔ:kɪŋ] *n.* 步行

复数 walking boots 登山靴

swimming ['swɪmɪŋ] *n.* 游泳

机经词汇 swimming pool 游泳池

swimming suit=swimming costume 游泳衣

dark [dɑ:k] *adj.* 黑暗的，深色的

机经词汇 dark trousers 深色裤子

dark clothes 深色衣服

dress [dres] *n.* 服装，连衣裙

机经词汇 fancy dress 化妆晚会时穿的晚会服装；奇装异服

fancy ['fænsɪ] *n.* & *adj.* 喜欢；奇怪的

机经词汇 fancy dress party 化装舞会

wear [weə(r)] *n.* & *v.* 穿着

机经词汇 party wears 晚宴装

casual wear 休闲服

leisure wear 休闲服

skirt [skɜ:t] *n.* 短裙

机经词汇 black skirt 黑色短裙

jeans [dʒi:nz] *n.* 牛仔服

rain [reɪn] *n.* 雨，下雨

机经词汇 rainwater 雨水
rainfall 降水
raincoat 雨衣
black raincoat 黑雨衣

sportswear ['spɔːtsweə(r)] *n.* 运动服

机经词汇 sports suit 运动服

sweater ['swetə(r)] *n.* 毛衣

机经词汇 blue sweater 蓝色毛衣

comfortable ['kʌmftəbl] *adj.* 舒适的

机经词汇 comfortable clothes 舒适的衣服

Tips: 这个词组常在运动场景中出现，需要填写运动时穿的衣服。要注意字母m不要写成n。

trousers ['traʊzəz] *n.* 裤子

Tips: 注意后面的s。

机经词汇 dark trousers 深色裤子
black trousers 黑色裤子

uniform ['juːnɪfɔːm] *n.* 制服

机经词汇 school uniform 校服

suit [sjuːt] *n.* 西装

机经词汇 swimming suit 游泳衣

Tips: 要注意与suite [swiːt] 的差别，这个词是套房的意思。

boot [buːt] *n.* 靴子

复数 boots [buːts]

机经词汇 walking boots 登山靴

costume ['kɒstjuːm] *n.* 服装

机经词汇 swimming costume 游泳衣
swimming suit 游泳衣

blouse [blaʊz] *n.* 女式衬衫

dressing ['dresɪŋ] *n.* 装饰，穿衣

shoe [ʃuː] *n.* 鞋

复数 shoes [ʃuːz]

sandal ['sændl] *n.* 凉鞋

Tips: 雅思考试在运动场景中要考到运动设备。good shoes, sneakers 和trainers 都表示“运动鞋”。

jacket ['dʒækɪt] *n.* 夹克

Tips: 颜色较为鲜艳一些的夹克叫blazer，很多学校的校服就是用这种blazer。

spare socks 备用袜子

动植物词汇

动物

WORD LIST			
animal	n. 动物	mammal	n. 哺乳动物
migration	n. 迁徙，移民	bird	n. 鸟类
falcon	n. 隼（猎鹰的一种）	horse	n. 马
rare	adj. 罕见的	mosquito	n. 蚊子
kelp	n. 海藻	hen	n. 母鸡
crocodile	n. 鳄鱼	sheep	n. 羊
shear	v. 剪（羊毛）	spider	n. 蜘蛛
kangaroo	n. 袋鼠	koala	n. 考拉
eagle	n. 鹰	cattle	n. 牲畜
pet	n. 宠物	ape	n. 猿
species	adj. 种类，物种	sea	n. 大海
insect	n. 昆虫	chick	n. 小鸡
fur	n. 皮毛	mane	n.（狮子等）鬃毛
feather	n. 羽毛	horse hair	马毛
wasp	n. 黄蜂	hard-hoofed	硬蹄的
whale	n. 鲸鱼	breeding	n. 繁殖
lion	n. 狮子	donkey	n. 驴

animal ['ænɪml] *n.* 动物

复 数 animals ['ænɪmlz]

机经词汇 native animals 本土动物

Tips: 雅思考试曾经多次出现动物类场景。

一个女人谈她参观四个动物园（zoo）之后的感受，要求填写稀有狮子（rare lion）和大象（elephant）这两种动物。谈话中介绍一个动物园（zoo）的布局，涉及稀有动物的种类（species in rare animal area），包括稀有鱼类（rare fish）、山羊（goats）、马（horses）和母鸡（hens）。谈论野生动物园时，涉及到红袋鼠（red kangaroo）的身高和鳄鱼（crocodile）的寿命。

在准备动物场景时，要对一些常见的动物名称熟练掌握，包括发音、拼写以及最基本的生理特征和生活习性，特别关注澳大利亚的一些特色动物。

雅思必备动物类词汇

zebra ['zebrə]	斑马
elephant ['elɪfənt]	大象
crocodile ['krɒkədaɪl]	鳄鱼
dolphin ['dɒlfɪn]	海豚
kangaroo [ˌkæŋgə'ruː]	袋鼠
koala [kəʊ'ɑːlə]	考拉
rhino ['raɪnəʊ]	犀牛
falcon ['fælkən]	隼
hippo ['hɪpəʊ]	河马
shark [ʃɑːk]	鲨
emu ['iːmjuː]	鸸鹋
kiwi ['kiːwiː]	几维鸟
kaka ['kɑːkə]	橄榄色鹦鹉

mammal ['mæml] *n.* 哺乳动物

migration [maɪ'greɪʃn] *n.* 迁徙，移民

机经词汇 migration patterns 迁徙方式

Tips: 雅思中考到了鳄鱼的迁徙途径。

bird [bɜːd] *n.* 鸟类

复数 birds [bɜːdz]

falcon ['fælkən, 'fɔːlkən] *n.* 隼（猎鹰的一种）

复数 falcons ['fɔːlkənz]

horse [hɔːs] *n.* 马

易混 hoarse [hɔːs] *adj.* 嘶哑的

Tips: 有个冰壶运动（ice curling）场景考到 horse hair 这个单词。

rare [reə(r)] *adj.* 罕见的

机经词汇 rare lions 罕见的狮子

mosquito [məs'kiːtəʊ] *n.* 蚊子

复数 mosquitos [məs'kiːtəʊz]

机经词汇 mosquito net 蚊帐

kelp [kelp] *n.* 海藻

Tips: 雅思考试中曾经出现这样的场景：水獭（sea otter）减少了，引起海胆（sea urchin）增加和海藻（kelp forest）减少。

hen [hen] *n.* 母鸡

复数 hens [henz]

crocodile ['krɒkədaɪl] *n.* 鳄鱼

复数 crocodiles ['krɒkədaɪlz]

机经词汇 species of crocodiles 鳄鱼的种类

Tips: crocodile这个词在雅思考试中出现的频率非常高，有些题通篇都在说非洲鳄鱼的事，考生应了解一下相关背景。

sheep [ʃiːp] *n.* 羊

机经词汇 sheep and cattle 羊和牛
sheep shearing 剪羊毛

shear [ʃɪə(r)] *v.* 剪（羊毛）

机经词汇 shear the sheep 剪羊毛

sheep shearing 剪羊毛

spider ['spaɪdə(r)] *n.* 蜘蛛

复数 spiders ['spaɪdə(r)z]

kangaroo [ˌkæŋgə'ruː] *n.* 袋鼠

Tips: 雅思考试中提到"Red kangaroo is larger than a person.（红袋鼠比人高）"。

koala [kəʊ'ɑːlə] *n.* 考拉

Tips: 考拉的介绍在雅思阅读中也经常出现。

eagle ['iːgl] *n.* 鹰

Tips: 雅思考到一个地名"Eagle Road"。

cattle ['kætl] *n.* 牲畜

机经词汇 sheep and cattle 畜群

pet [pet] *n.* 宠物

复数 pets [pets]

ape [eɪp] *n.* 猿

species ['spiːʃiːz] *adj.* 种类，物种

机经词汇 endangered species 濒危物种

extinct species 灭绝物种

rare species 稀有物种

sea [siː] *n.* 大海

机经词汇 seafood [siːfuːd] *n.* 海鲜

sea watch 对海洋监测

sea otter 水獭

sea urchin 海胆

insect ['ɪnsekt] *n.* 昆虫

复数 insects ['ɪnsekts]

机经词汇 harmful insects 有害昆虫

insects haunting 闹昆虫

chick [tʃɪk] *n.* 小鸡

复数 chicken ['tʃɪkən]

fur [fɜː(r)] *n.* 皮毛

机经词汇 fur trade 皮毛交易

mane [meɪn] *n.*（狮子等）鬃毛

feather ['feðə(r)] *n.* 羽毛

horse hair 马毛

Tips: 雅思考试中“马毛”指的是冰壶比赛用具的制作材料。

wasp [wɒsp] *n.* 黄蜂

hard-hoofed 硬蹄的

机经词汇 hard-hoofed animals 硬蹄动物

whale [weɪl] *n.* 鲸鱼

Tips: whales [weɪlz]

机经词汇 killer whales 杀人鲸

breeding ['briːdɪŋ] *n.* 繁殖

机经词汇 breed fish 养鱼

lion ['laɪən] *n.* 狮子

复数 lions ['laɪənz]

donkey ['dɒŋkɪ] *n.* 驴

复数 donkeys ['dɒŋkɪs]

植物

WORD LIST			
wood	n. 木材	wildlife	n. 野生动植物
plant	n. 植物	tree	n. 树
willow	n. 柳树	flower	n. 花朵
crop	n. 庄稼	grain	n. 谷物
vegetation	n. 植被	lemon	n. 柠檬
planting	n. 种植	weed	n. 野草

wood [wʊd] *n.* 木材

复数 woods [wʊdz]

wildlife ['waɪldlaɪf] *n.* 野生动植物

plant [plɑːnt] *n.* 植物

复数 plants [plɑːnts]

机经词汇 spinose plants 有刺的植物

tree [triː] *n.* 树

复数 trees [triːz]

机经词汇 lemon tree 柠檬树
rubber tree 橡胶树
pine tree 松树
palm tree 棕榈树

willow ['wɪləʊ] *n.* 柳树

flower ['flaʊə(r)] *n.* 花朵

易混 flour ['flaʊə(r)] *n.* 面粉

机经词汇 bloom of flowers 百花盛开

flowers' taste 花朵的味道（注意所属格的写法）

crop [krɒp] *n.* 庄稼

复数 crops [krɒps]

grain [greɪn] *n.* 谷物

机经词汇 grain pattern of timber 木材的花纹

vegetation [ˌvedʒɪ'teɪʃn] *n.* 植被

lemon ['lemən] *n.* 柠檬

planting ['plɑːntɪŋ] *n.* 种植

机经词汇 plant [plɑːnt] *v.* 种植

Planting Garden 种植园

weed [wiːd] *n.* 野草

复数 weeds [wiːdz]

社会生活词汇

行业

WORD LIST			
industry	n. 工业，产业	company	n. 公司
farming	n. 农业	agriculture	n. 农业

industry ['ɪndəstrɪ] *n.* 工业，产业

机经词汇 forestry industry 林业
mining industry 矿业
energy industry 能源业
fishing industry 渔业

company ['kʌmpənɪ] *n.* 公司

复数 companies ['kʌmpənɪz]

Tips:有限公司的缩写为Co. Ltd.。

机经词汇 insurance company 保险公司

farming ['fɑːmɪŋ] *n.* 农业

机经词汇 farming products 农产品

agriculture ['ægrɪkʌltʃə(r)] *n.* 农业

人员

WORD LIST			
employ	*v.* 雇佣	staff	*n.* 员工
accountant	*n.* 会计	manager	*n.* 经理
engine	*n.* 发动机	cleaner	*n.* 清洁工
customer	*n.* 顾客	contact	*n.* 接触
telephone	*n.* 电话	colleague	*n.* 同事
market	*n.* 市场	vacancy	*n.* 空缺
organisation	*n.* 组织	farm	*n.* 农场
firm	*n. & adj.* 公司；坚实的	natural	*n. & adj.* 自然色；自然的
fishing	*n.* 钓鱼	clean	*adj.* 干净的
power	*n.* 权力，能源	recruit	*n.* 招聘
shift	*v.* 倒班	cooperation	*n.* 合作
forest	*n.* 森林	wetland	*n.* 沼泽地，湿地
product	*n.* 产品	salary	*n.* 薪水
payment	*n.* 报酬	wind	*n.* 风
velvet	*n.* 天鹅绒	industrial	*adj.* 工业的
syndicate	*n.* 财团	action	*n.* 行动
director	*n.* 主任，董事，导演	regular	*adj.* 规律的
factory	*n.* 工厂	commission	*n.* 委员会
business	*n.* 商业，商务	growth	*n.* 成长
council	*n.* 委员会	trip	*n.* 旅行
role	*n.* 角色	corporation	*n.* 公司
subcommittee	*n.* 小组委员会	welfare	*n.* 福利
flexible	*adj.* 灵活的	position	*n.* 位置，职位
extension	*n.* 分机，延期		

employ [ɪm'plɔɪ] *v.* 雇佣

机经词汇 employee [,emplɔɪ'iː] *n.* 员工
employees [,emplɔɪ'iːz]
employer [ɪm'plɔɪə] *n.* & *v.* 雇主
employment *n.* 雇佣

staff [stɑːf] *n.* 员工

Tips: staff 这个单词后面不能加s。

accountant [ə'kaʊntənt] *n.* 会计

复数 accountants [ə'kaʊntənts]

manager ['mænɪdʒə(r)] *n.* 经理

复数 managers ['mænɪdʒə(r)z]

机经词汇 shop manager 商店经理
center manager 中心经理
senior manager 高级经理

engine ['endʒɪn] *n.* 发动机

机经词汇 specialist engine design 专业发动机设计
engineer [,endʒɪ'nɪə(r)] *n.* 工程师
engineers [,endʒɪ'nɪə(r)z]
engineering room 工程室
engineering [,endʒɪ'nɪə(r)ɪŋ] *n.* 工程

cleaner ['kliːnə] *n.* 清洁工

customer ['kʌstəmə(r)] *n.* 顾客

复数 customers ['kʌstəmə(r)z]

contact ['kɒntækt] *n.* 接触

复数 contacts ['kɒntækts]

机经词汇 contact list 联系人清单
eye contacts 目光交流
emergency contact person 紧急联系人

telephone ['telɪfəʊn] *n.* 电话

机经词汇 phone [fəʊn] *n.* 电话
emergency telephone number 紧急电话号码

colleague ['kɒliːg] *n.* 同事

复数 colleagues ['kɒliːgz]

market ['mɑːkɪt] *n.* 市场

机经词汇 financial market 金融市场
market economy 市场经济
market cycle 市场周期
market research 市场调查
marketing ['mɑːkɪtɪŋ] *n.* 市场营销
marketing techniques 销售技巧
marketing strategy 市场战略
marketing research 销售调研
marketing management 销售管理
marketing seminar 市场营销研讨会

vacancy ['veɪkənsɪ] *n.* 空缺

复数 vacancies ['veɪkənsɪz]

Tips: 听力考试中曾提到："There is a vacancy for cook, but it has already been taken. And we have some vacancies for waiter."。

organisation [,ɔːgənaɪ'zeɪʃn] *n.* 组织

机经词汇 charitable organisation 慈善组织
tourism organisation 旅游组织

financial organisation 金融团体

farm ['fɑːm] *n.* 农场

机经词汇 farmer ['fɑːmə] *n.* 农民

firm [fɜːm] *n.* & *adj.* 公司；坚实的

复数 firms [fɜːmz]

natural ['nætʃrəl] *n.* & *adj.* 自然色；自然的

Tips: 雅思考试中这个单词是出现在家具场景中，代表自然色。

fishing ['fɪʃɪŋ] *n.* 钓鱼

机经词汇 fishing industry 渔业

clean [kliːn] *adj.* 干净的

机经词汇 cleaning ['kliːnɪŋ] *n.* 清洁

cleaning materials 清洁材料

power ['paʊə(r)] *n.* 权力，能源

机经词汇 wind power 风能

recruit [rɪ'kruːt] *n.* 招聘

机经词汇 recruit method 招聘方法

shift [ʃɪft] *v.* 倒班

机经词汇 shift work 倒班

day shift 白班

night shift 晚班

cooperation [kəʊˌɒpə'reɪʃn] *n.* 合作

复数 cooperations [kəʊˌɒpə'reɪʃnz]

机经词汇 co-operative [kəʊ'ɒpərətɪv] *adj.* 合作的

Tips: 也可以写成co-operation。

forest ['fɒrɪst] *n.* 森林

机经词汇 woods [wʊdz] *n.* 森林

forestry ['fɒrɪstrɪ] *n.* 林学，森林学

forestry industry 林业

wetland ['wetlænd] *n.* 沼泽地，湿地

机经词汇 marsh [mɑːʃ] *n.* 沼泽

product ['prɒdʌkt] *n.* 产品

复数 products ['prɒdʌkts]

local product 当地产品

cheese production 奶酪生产

farming products 农产品

production 生产

salary ['sælərɪ] *n.* 薪水

payment ['peɪmənt] *n.* 报酬

wind [wɪnd] *n.* 风

机经词汇 high wind 大风

strong wind 大风

wind tunnel 风洞

velvet ['velvɪt] *n.* 天鹅绒

Tips: 此词为雅思听力考试必备词，是一种材料的名称。

机经词汇 black velvet 黑天鹅绒

industrial [ɪn'dʌstrɪəl] *adj.* 工业的

机经词汇 industrial material 工业材料

syndicate ['sɪndɪkət] *n.* 财团

Tips: 这个词音译叫辛迪加，是一种联合机构，如报业辛迪加，指将许多报纸结合起来。

action ['ækʃn] *n.* 行动

复 数 actions ['ækʃnz]

机经词汇 company actions 公司行动

director [dɪ'rektə(r)] *n.* 主任，董事，导演

复 数 directors [dɪ'rektə(r)z]

regular ['regjʊlə(r)] *adj.* 规律的

机经词汇 regular meetings 定期召开的会议

factory ['fæktərɪ] *n.* 工厂

复 数 factories ['fæktərɪz]

commission [kə'mɪʃn] *n.* 委员会

机经词汇 royal commission 英国皇家专门调查委员会

business ['bɪznɪs] *n.* 商业，商务

机经词汇 business card 名片
business culture 企业文化
business trip 出差
business faculty 商务系

growth [grəʊθ] *n.* 成长

机经词汇 economic growth 经济增长
population growth 人口增长

council ['kaʊnsl] *n.* 委员会

机经词汇 British Council 英国使馆文化处（雅思官方）
city council 城市委员会
counsel ['kaʊnsəl] *v.* 商议

trip [trɪp] *n.* 旅行

机经词汇 business trip 出差

geography trip 地理考察

role [rəʊl] *n.* 角色

机经词汇 roll [rəʊl] *n.* 名册 *v.* 使滚动，滚动

the role of staff 员工的角色

corporation [ˌkɔːpəˈreɪʃn] *n.* 公司

Tips: 注意区分cooperation。

subcommittee [ˈsʌbkəmɪtɪ] *n.* 小组委员会

welfare [ˈwelfeə(r)] *n.* 福利

机经词汇 welfare department 福利部门

flexible [ˈfleksəbl] *adj.* 灵活的

机经词汇 flexible working time 弹性工作时间

position [pəˈzɪʃn] *n.* 位置，职位

复数 positions [pəˈzɪʃnz]

机经词汇 post [pəʊst] 职位

extension [ɪksˈtenʃn] *n.* 分机，延期

机经词汇 extension number 分机号

犯罪

WORD LIST			
police	*n.* 警察	cop	*n.* （男）警察
violent	*adj.* 猛烈的，暴力的	crime	*n.* 犯罪

police [pə'liːs] *n.* 警察

cop [kɒp] *n.*（男）警察

violent ['vaɪələnt] *adj.* 猛烈的，暴力的

crime [kraɪm] *n.* 犯罪

复数 crimes [kraɪmz]

机经词汇 violent crimes 暴力犯罪
hotel crime 酒店犯罪
campus crime 校园犯罪
crime rate 犯罪率

医疗场景词汇

药品

WORD LIST			
medicine	*n.* 药物	antibiotics	*n.* 抗生素
capsule	*n.* 胶囊	pill	*n.* 药丸
aspirin	*n.* 阿司匹林	mixture	*n.* 合剂
eyedrops	*n.* 眼药水	vitamin	*n.* 维他命
ointment	*n.* 药膏	syrup	*n.* 糖浆
cream	*n.* 奶油，药膏	penicillin	*n.* 盘尼西林
injection	*n.* 注射	tablet	*n.* 药片
herb	*n.* 草药	drug	*n.* 药品
painkillers	*n.* 止痛片		

medicine ['medsn] *n.* 药物

机经词汇 medication 药物

non-medicine items 非药品类东西

natural medicine 天然药品

antibiotics [ˌæntɪbaɪ'ɒtɪks] *n.* 抗生素

capsule ['kæpsjuːl] *n.* 胶囊

pill [pɪl] *n.* 药丸

复数 pills [pɪlz]

机经词汇 sleeping pills 安眠药片

aspirin ['æsprɪn] *n.* 阿司匹林

mixture ['mɪkstʃə(r)] *n.* 合剂

机经词汇 cough mixture 止咳药

eyedrops ['aɪdrɒps] *n.* 眼药水

vitamin ['vɪtəmɪn] *n.* 维他命

ointment ['ɔɪntmənt] *n.* 药膏

syrup ['sɪrəp] *n.* 糖浆

cream [kriːm] *n.* 奶油，药膏

penicillin [ˌpenɪ'sɪlɪn] *n.* 盘尼西林

Tips: 这是音译的名字，也叫青霉素。

injection [ɪn'dʒekʃn] *n.* 注射

机经词汇 injection of vaccine 疫苗注射

Tips: 这个词出现频率很高，几乎都在看病场景里。

tablet ['tæblɪt] *n.* 药片

复数 tablets ['tæblɪts]

herb [hɜːb] *n.* 草药

机经词汇 herb tea 草药茶

drug [drʌg] *n.* 药品

复数 drugs [drʌgz]

painkillers ['peɪnkɪləs] *n.* 止痛片

各种症状

WORD LIST			
sore throat	嗓子痛	fever	n. 发烧
cough	n. 咳嗽	stomachache	n. 胃痛
headache	n. 头痛	toothache	n. 牙痛
allergic	adj. 过敏的	dizzy	n. 头晕
insomnia	n. 失眠	stiff neck	脖子发僵
drowsiness	n. 睡意	stuffed nose	鼻子不通
disease	n. 疾病	medical	adj. 医疗的
symptom	n. 症状		

sore throat 嗓子痛

fever ['fiːvə(r)] *n.* 发烧

cough [kɒf] *n.* 咳嗽

stomachache ['stʌməkeɪk] *n.* 胃痛

headache ['hedeɪk] *n.* 头痛

toothache ['tuːθeɪk] *n.* 牙痛

allergic [ə'lɜːdʒɪk] *adj.* 过敏的

机经词汇 be allergic to sth. 对……过敏
allergy ['ælədʒɪ] *n.* 过敏
no allergy 不过敏

dizzy ['dɪzɪ] *n.* 头晕

insomnia [ɪn'sɒmnɪə] *n.* 失眠

stiff neck 脖子发僵

drowsiness ['drauzɪnɪs] *n.* 睡意

stuffed nose 鼻子不通

disease [dɪ'ziːz] *n.* 疾病

复数 diseases [dɪ'ziːzɪz]

机经词汇 tropical diseases 热带病

medical ['medɪkl] *adj.* 医疗的

机经词汇 medical centre 医疗中心

family medical history 家族病史

medical science 医学

symptom ['sɪmptəm] *n.* 症状

常见疾病

WORD LIST			
flu	n. 流感	heart disease	心脏病
pneumonia	n. 肺炎	yellow fever	黄热病
epidemic	n. 流行病	attack	n. 袭击
allergy	n. 过敏	infection	n. 发炎
sleep	n. 睡觉	drowsiness	n. 嗜睡，睡意
injury	n. 受伤	wound	n. 伤，创伤
chest	n. 胸部	teeth	n. 牙齿
sight	n. 视觉	malaria	n. 疟疾
disabled	adj. 肢体有残疾的		

flu [flu:] *n.* 流感

heart disease 心脏病

pneumonia [nju:'məunɪə] *n.* 肺炎

yellow fever 黄热病

epidemic [,epɪ'demɪk] *n.* 流行病

attack [ə'tæk] *n.* 袭击

机经词汇 heart attack 心脏病

allergy ['ælədʒɪ] *n.* 过敏

infection [ɪn'fekʃn] *n.* 发炎

机经词汇 chest infection 胸部发炎

sleep [sli:p] *n.* 睡觉

机经词汇 sleepy ['sli:pɪ] *adj.* 想睡的

sleeping ['sliːpɪŋ] *n.* 睡眠
sleeping sickness 嗜睡症

drowsiness ['draʊzɪnɪs] *n.* 嗜睡，睡意

Tips: 这个词与make you sleepy意思接近。但是如果是听力填空题，则尽量采用原文的语言，因为雅思听力填空题通常都是听到什么写什么，很少有让你自己组织语言写出来的。

injury ['ɪndʒərɪ] *n.* 受伤

wound [wuːnd] *n.* 伤，创伤

chest [tʃest] *n.* 胸部

机经词汇 chest infection 胸部发炎

teeth [tiːð] *n.* 牙齿

机经词汇 decayed teeth 蛀牙

sight [saɪt] *n.* 视觉

机经词汇 eyesight ['aɪsaɪt] *n.* 视力
good eyesight 视力好
bad eyesight 视力不好

malaria [mə'leərɪə] *n.* 疟疾

insomnia [ɪn'sɒmnɪə] *n.* 失眠

disabled [dɪs'eɪbld] *adj.* 肢体有残疾的

Tips: 表示一类人可以用"the+*adj.*"的形式。比如残疾人（tho disabled）、穷人（the poor）。

医生名称

WORD LIST			
surgeon	*n.* 外科医生	physician	*n.* 内科医生
oculist	*n.* 眼科医生（=eye doctor）	dentist	*n.* 牙医
vet	*n.* 兽医	psychiatric	*adj.* 精神病的
nurse	*n.* 护士	patient	*n.* 病人
clinic	*n.* 诊所		

surgeon ['sɜːdʒən] *n.* 外科医生

physician [fɪ'zɪʃn] *n.* 内科医生

oculist ['ɒkjʊlɪst] *n.* 眼科医生（**=eye doctor**）

dentist ['dentɪst] 牙医

vet [vet] *n.* 兽医

psychiatric [ˌsaɪkɪ'ætrɪk] *adj.* 精神病的

机经词汇 psychiatrist [saɪkɪ'ætrɪsk] *n.* 精神病学家

nurse [nəːs] *n.* 护士

patient ['peɪʃnt] *n.* 病人

复数 patients ['peɪʃnts]

clinic ['klɪnɪk] *n.* 诊所

其他必备词汇

WORD LIST			
bandage	n. 绷带	injection	n. 注射
take one's temperature	量体温	give a prescription	开药方
make an appointment	预约	X-ray	X射线
prescribe	v. 开药方	finger	n. 手指
chin	n. 下巴	eyes	n. 眼睛
nose	n. 鼻子	mouth	n. 嘴巴
ear	n. 耳朵	neck	n. 脖子，颈部
jaw	n. 颚，颌，下巴	illness	n. 疾病
vaccine	n. 疫苗	bacteria	n. 细菌
scar	n. 伤疤	male	n. 男性
internal	adj. 内部的	treatment	n. 治疗
stomach	n. 胃，腹部	chemist's	n. 药店
heart	n. 心脏	lung	n. 肺
recipe	n. 处方	therapy	n. 理疗，疗法
health	n. 健康	sick	adj. 生病的
relaxation	n. 放松	unhealthy	adj. 不健康的
beats	n. 跳动的次数	hospital	n. 医院
precaution	n. 预防	optic	adj. 光学的
cycle	n. 循环	mental	adj. 精神的
physical	adj. 肉体的	prevention	n. 预防
ambulance	n. 救护车	blood	n. 血
ankle	n. 踝	germ	n. 细菌

bandage ['bændɪdʒ] *n.* 绷带

injection [ɪn'dʒekʃn] *n.* 注射

take one's temperature 量体温

机经词汇 feel one's pulse 量脉搏

take one's blood pressure 量血压

give a prescription 开药方

机经词汇 have an operation 动手术

make an appointment 预约

X-ray X射线

prescribe [prɪ'skraɪb] *v.* 开药方

机经词汇 prescription [prɪ'skrɪpʃn] *n.* 药方

finger ['fɪŋgə(r)] *n.* 手指

复数 fingers ['fɪŋgə(r)z]

chin [tʃɪn] *n.* 下巴

eyes [aɪz] *n.* 眼睛

nose [nəʊz] *n.* 鼻子

mouth [maʊθ] *n.* 嘴巴

ear [ɪə] *n.* 耳朵

neck [nek] *n.* 脖子，颈部

jaw [dʒɔː] *n.* 颚，颌，下巴

复数 jaws [dʒɔːz]

Tips: 一般用复数。

illness ['ɪlnɪs] *n.* 疾病

机经词汇 ill [ɪl] *adj.* 生病的

vaccine ['væksiːn] *n.* 疫苗

bacteria [bæk'tɪərɪə] *n.* 细菌

scar [skɑː(r)] *n.* 伤疤

Tips: 雅思中考到的场景是有个罪犯，然后对其特征进行填空，其特征是“small scar on his chin”。

male [meɪl] *n.* 男性

internal [ɪn'tɜːnl] *adj.* 内部的

机经词汇 internal clock 生物钟

treatment ['triːtmənt] *n.* 治疗

机经词汇 treat [triːt] *v.* 治疗

stomach ['stʌmək] *n.* 胃，腹部

机经词汇 stomach muscles training 腹肌练习
stomach and heart 心肺

chemist's ['kemɪsts] *n.* 药店

Tips: 雅思曾经考过这样一道题“buy a special cream in ______”。答案是“chemist's”。这个地方不能写成其他形式。类似的还有city's expansion（城市扩张），一定要写成city's，不能写成cities；flowers' taste（花的味道），一定要写成flowers'，不能写成flower's。

heart [hɑːt] *n.* 心脏

机经词汇 heartbeat ['hɑːtbiːt] *n.* 心脏跳动

lung [lʌŋ] *n.* 肺

recipe ['resəpɪ] *n.* 处方

Tips: 注意读音。

机经词汇 give one's recipe 开处方

therapy ['θerəpɪ] *n.* 理疗，疗法

机经词汇 psychotherapy [,saɪkəʊ'θerəpɪ] *n.* 精神疗法，心理疗法
recreation therapy 娱乐疗法
therapist ['θerəpɪst] *n.* 理疗专家
physical therapy 理疗

health [helθ] *n.* 健康

机经词汇 health check 体检
healthy ['helθɪ] *adj.* 健康的

sick [sɪk] *adj.* 生病的

机经词汇 sick note 病假条
sickness ['sɪknɪs] *n.* 疾病

relaxation [,riːlæk'seɪʃn] *n.* 放松

机经词汇 relax [rɪ'læks] *v.* 放松

unhealthy [ʌn'helθɪ] *adj.* 不健康的

机经词汇 unhealthy diet 不健康饮食

beats [biːts] *n.* 跳动的次数

hospital ['hɒspɪtl] *n.* 医院

机经词汇 go to hospital 去医院看病

precaution [prɪ'kɔːʃn] *n.* 预防

机经词汇 precautions [prɪ'kɔːʃnz]

optic ['ɒptɪk] *adj.* 光学的

机经词汇 optic examination 眼部检查

cycle ['saɪkl] *n.* 循环

机经词汇 life cycle 生命周期

mental ['mentl] *adj.* 精神的

机经词汇 mental ability 精神能力

physical ['fɪzɪkl] *adj.* 肉体的

prevention [prɪ'venʃn] *n.* 预防

ambulance ['æmbjʊləns] *n.* 救护车

blood [blʌd] *n.* 血

机经词汇 blood flow 血流

Tips: 英国某些地方的俚语管“very”叫“bloody” 。在听力考试中，blood flow常与circulation互相替换。

ankle ['æŋkl] *n.* 踝

germ [dʒɜːm] *n.* 细菌

环境主题词汇

WORD LIST			
plastic	n. 塑料	waste	n. 浪费
care	n. 关注，照顾	pollution	n. 污染
air	n. 空气	rubbish	n. 垃圾
garbage	n. 废物	recycled	adj. 回收的
nature	n. 自然	green	n. 绿色
El Nino	厄尔尼诺现象	impact	n. 影响
influence	n. 影响	atmospheric	adj. 大气的
drop-off	放下	warming	n. 变暖
recycling	n. 回收	sewage	n. 污水
sewer	n. 下水道	handling	n. 处理
contaminant	n. 污染物	temperature	n. 温度
20 centigrade	20 摄氏度	damage	n. 毁坏
carbon	n. 碳	dioxide	n. 二氧化物
organic	adj. 有机的		

plastic ['plæstɪk] *n.* 塑料

机经词汇 plastic collection 回收塑料
plastic bags 塑料袋

waste [weɪst] *n.* 浪费

易混 waist [weɪst] *n.* 腰围

机经词汇 green waste 可回收垃圾，可降解废物
waste disposal 垃圾处理

care [keə(r)] *n.* 关注，照顾

pollution [pə'luːʃn] *n.* 污染

机经词汇 contamination [kən,tæmɪ'neɪʃn] *n.* 污染（=pollution）

contaminant [kən'tæmɪnənt] *n.* 污染物
（=pollutant [pə'lu:ənt]）

contaminate [kən'tæmɪneɪt] *v.* 污染
（=pollute [pə'lu:t]）

air pollution 空气污染（=atmospheric pollution ）

air [eə(r)] *n.* 空气

机经词汇 air pollution 空气污染

rubbish ['rʌbɪʃ] *n.* 垃圾

garbage ['gɑ:bɪdʒ] *n.* 废物

recycled [ˌri:'saɪkld] *adj.* 回收的

机经词汇 recycled materials 可回收材料

nature ['neɪtʃə(r)] *n.* 自然

green [gri:n] *n.* 绿色

机经词汇 greenhouse = hothouse effect 温室效应

El Nino 厄尔尼诺现象

impact ['ɪmpækt] *n.* 影响

复数 impacts ['ɪmpækts]

influence ['ɪnfluəns] *n.* 影响

atmospheric [ˌætməs'ferɪk] *adj.* 大气的

机经词汇 atmospheric pollution 大气污染

drop-off 放下

机经词汇 drop-off site 在雅思中指丢垃圾的地点

warming ['wɔ:mɪŋ] *n.* 变暖

机经词汇 global warming 全球变暖

atmospheric warming 全球气候变暖

recycling [ˌriːˈsaɪklɪŋ] *n.* 回收

机经词汇 recycling material 回收材料

sewage [ˈsuːɪdʒ] *n.* 污水

sewer [suːə] *n.* 下水道

Tips: 注意这两个单词的发音。

雅思考试中，主要是考water resources（水资源）问题。

handling [ˈhændlɪŋ] *n.* 处理

机经词汇 waste handling 垃圾处理

question handling 问题处理

contaminant [kənˈtæmɪnənt] *n.* 污染物

复数 contaminants [kənˈtæmɪnənts]

temperature [ˈtemprətʃə(r)] *n.* 温度

20 centigrade 20摄氏度

Tips: 要注意这个单词的拼写。

damage [ˈdæmɪdʒ] *n.* 毁坏

复数 damages [ˈdæmɪdʒɪz]

机经词汇 environmental damage 环境破坏

carbon [ˈkɑːbən] *n.* 碳

dioxide [daɪˈɒksaɪd] *n.* 二氧化物

机经词汇 carbon dioxide 二氧化碳

Tips: 关于"environmental studies"的场景会提到这个词。

organic [ɔːˈgænɪk] *adj.* 有机的

机经词汇 organic material 有机材料

organic farming 有机农业

organic fiber 有机纤维

运动主题词汇

WORD LIST			
hall	*n.* 大厅	fitness	*n.* 健身
personal trainer	私人教练（缩写PT）	club	*n.* 俱乐部
centre	*n.* 中心（也作center）	sports	*n.* 体育
activity	*n.* 活动	muscle	*n.* 肌肉
yoga	*n.* 瑜珈	bowling	*n.* 保龄球
skating	*n.* 滑冰	badminton	*n.* 羽毛球
tennis	*n.* 网球	exercise	*v.* 练习
weight	*n.* 重量	cycling	*n.* 骑自行车
martial	*adj.* 武术的	membership	*n.* 会员资格
consultant	*n.* 咨询者，顾问	instructor	*n.* 教练
referee	*n.* 裁判员	judge	*n.* 评委
umpire	*n.* 裁判员	running facilities	跑步的设施
water-skiing	划水	gym	*n.* 体育馆
sportsman	*n.* 男运动员		

hall [hɔːl] *n.* 大厅

机经词汇 Town Hall 市政厅
lecture hall 阶梯教室
center hall 中央大厅
Main Hall 主厅
sports hall 运动场馆

fitness ['fɪtnɪs] *n.* 健身

机经词汇 fitness center 健身中心
fitness club 健身俱乐部

fitness level 身体状况

fitness training 健身训练

personal trainer 私人教练（缩写PT）

club [klʌb] *n.* 俱乐部

复数 clubs [klʌbz]

机经词汇 walking club 徒步俱乐部

membership of a club 俱乐部会员资格

football club 足球俱乐部

international club 国际俱乐部

teaching club 教师俱乐部

health club 健身会所

fitness club 健身会所

tennis club 网球俱乐部

centre ['sentə(r)] *n.* 中心（也作**center**）

复数 centres ['sentə(r)z]

机经词汇 fitness center 健身中心

Tips: 注意形容词central的发音，听力考试中有central London和central of London的用法。

sports [spɔːts] *n.* 体育

机经词汇 sports articles 体育用品

sports hall 体育人厅

sports centre 运动中心

sports shoes 运动鞋

activity [æk'tɪvətɪ] *n.* 活动

复数 activities [æk'tɪvətɪz]

机经词汇 physical activities 体育活动

outside activity 户外活动

muscle ['mʌsl] *n.* 肌肉

复数 muscles ['mʌslz]

机经词汇 movement of muscle 肌肉运动

Tips: 这个词曾出现在女博士做研究的场景中。

yoga ['jəʊgə] *n.* 瑜珈

bowling ['bəʊlɪŋ] *n.* 保龄球

机经词汇 bowling alley 保龄球道

skating ['skeɪtɪŋ] *n.* 滑冰

机经词汇 roller-skating 旱冰

badminton ['bædmɪntən] *n.* 羽毛球

tennis ['tenɪs] *n.* 网球

exercise ['eksəsaɪz] *v.* 练习

复数 exercises ['eksəsaɪzɪz]

机经词汇 sensible exercise 合适的运动

exercise one's muscles 锻炼肌肉

weight [weɪt] *n.* 重量

Tips: 要注意与wait的差别。

机经词汇 weight training 力量训练

cycling ['saɪklɪŋ] *n.* 骑自行车

martial ['mɑːʃl] *adj.* 武术的

机经词汇 martial art 武术

membership ['membə(r)ʃɪp] *n.* 会员资格

机经词汇 gym membership 健身房会员

annual membership fee 年会费

joint membership 联合会员资格

membership consultant （=MC）会籍顾问

consultant [kən'sʌltənt] *n.* 咨询者，顾问

复数 consultants [kən'sʌltənts]

instructor [ɪn'strʌktə] *n.* 教练

复数 instructors [ɪn'strʌktəz]

referee [ˌrefə'riː] *n.* 裁判员

复数 referees [ˌrefə'riːz]

judge [dʒʌdʒ] *n.* 评委

umpire ['ʌmpaɪə(r)] *n.* 裁判员

running facilities 跑步的设施

water-skiing 划水

gym [dʒɪm] *n.* 体育馆

机经词汇 gymnastics [dʒɪm'næstɪks] *n.* 体操

sportsman ['spɔːtsmən] *n.* 男运动员

其他重要词汇

WORD LIST			
adopt	*vt.* 收养	cleanest	*adj.* 最干净的
artificial	*adj.* 人工的	footprint	*n.* 足迹，脚印
advantage	*n.* 优势	kaleidoscope	*n.* 万花筒
question	*n.* 问题	word	*n.* 单词
plate	*n.* 盘子，图版	third	*pron.* 第三
lack	*v.& n.* 缺乏	working	*n.* 工作
reason	*n.* 理由	skill	*n.* 技能
problem	*n.* 问题	advice	*n.* 建议
type	*n.* 类型，种类	million	*n.* 百万
film	*n.* 胶卷，电影	goods	*n.* 物品
famous	*adj.* 著名的	factor	*n.* 因素
world	*n.* 世界	seat	*n.* 座位
century	*n.* 世纪	idea	*n.* 主意
female	*n.* 女性	male	*n.* 男性
speed	*n.* 速度	angry	*adj.* 气愤的，生气的
cause	*n.* 起因	clock	*n.* 钟
energy	*n.* 能量	experience	*n.* 经验 *v.* 体验
government	*n.* 政府	result	*n.* 结果
offer	*v.* 提供	quantity	*n.* 数量
fire	*n.* 火灾 *v.* 解雇	top	*n.* 顶尖
trouble	*n.* 麻烦	purpose	*n.* 目的
aim	*n.* 瞄准，对准	relation	*n.* 关系
painting	*n.* 绘画	hand	*n.* 手，指针
range	*n.* 范围	demonstration	*n.* 示威，演示
least	*adv.* 最少，最小	confidence	*n.* 自信
difference	*n.* 差异，差别	requirement	*n.* 要求
glass	*n.* 玻璃，眼镜	contact lenses	隐型眼镜
effect	*n.* 效果，影响，作用	efficient	*adj.* 有效率的
individual	*adj.* 个人的	personal	*adj.* 个人的

variety	n. 种类	chance	n. 机会
hint	n. 暗示	attentive	adj. 注意的
awareness	n. 意识	luck	n. 运气
fortune	n. 运气	solution	n. 解决
various	adj. 各种的	machine	n. 机器
condition	n. 状况，条件	unusual	adj. 非同寻常的
appearance	n. 外貌	notice	n. 注意
attention	n. 注意，专心	feature	n. 特点
guy	n. 家伙	dominant	adj. 最主要的
main	adj. 主要的	focus	v. 集中，聚焦
career	n. 事业	part-time	adj. 兼职的
sense	n. 感觉	regularly	adv. 定期地
original	n. 最初的	special	adj. 特别的
personality	n. 个性	character	n. 品质，特性
gender	n. 性别	related	adj. 相关的
total	n. 总数	responsibility	n. 责任
army	n. 军队	military	adj. 军人的，军队的
sample	n. 样本	pottery	n. 瓷器
cinema	n. 电影院	qualification	n. 资格
selection	n. 选择	promising	adj. 有前途的
migratory	adj. 迁移的	CD	n. 光盘
photograph	n. 照片	popular	adj. 时髦的
fashionable	adj. 流行的，时髦的	matching	n. 搭配
supply	v. 提供	offer	v. 提供
noble	adj. 高尚的，贵族的	aristocrat	n. 贵族
British	adj. 英国的	collection	n. 收集
ignorance	n. 无知	explosion	n. 爆炸
blast	n. 爆炸	model	n. 模型
foreign	adj. 国外的	domestic	adj. 国内的

tone	n. 某种语言的音调	document	n. 文件
heavy	adj. 重的	attention	n. 注意
fashion	n. 时尚	silver	adj. 银的
strong	adj. 强壮的	stout	adj.（形容人）结实的，强壮的
slim	adj. 苗条的	united	adj. 联合的
normal	adj. 正常的	theatre	n. 剧院
fiber	n. 纤维（也作fibre）	tribe	n. 部落
process	n. 过程	exaggerate	v. 夸张
overstate	v. 夸大	side	n. 面，边
several	adj. 几个	a couple of	几个
identification	n. 识别，身份	volunteer	n. 自愿者
technology	n. 科技	direct	adj. 直接的
short	adj. 短的	classical	adj. 古典的
architecture	n. 建筑物	storehouse	n. 仓库
useful	adj. 有用的	helpful	adj. 有用的
disco	n. 迪斯科	participant	n. 参加者
trend	n. 趋势	maximum	n. 最大
minimum	n. 最小	lawyer	n. 律师
familiar	adj. 熟悉的	placement	n. 放置
conquest	n. 征服	overcome	v. 克服
impossible	adj. 不可能的	farmer	n. 农民
identity	n. 身份	cultivation	n. 培育
foster	v. 培养	breed	v. 喂养
lifestyle	n. 生活方式	hobby	n. 爱好
fraud	n. 诈骗，假货	fake	adj. 假的，伪造的
performance	n. 表现，表演	picture	n. 图
inspiring	adj. 鼓舞人心的	exciting	adj. 令人兴奋的
rising	adj. 上升的	ascending	adj. 上升的
simple	adj. 简单的	amount	n. 数量

average	n. 平均	delegate	n. 代表
fly	n. 飞行	behavior	n. 行为
spare	adj. 多余的	retirement	n. 退休
movie	n. 电影	sun	n. 太阳
specific	adj. 特别的	export	v. 出口
import	v. 进口	commercial	n. 电视广告
benefit	n. 优势	west	n. 西部
east	n. 东部	formal	adj. 正式的
cocktail	n. 鸡尾酒	cite	v. 引证，表扬
land	n. 土地	organiser	n. 组织者
rapid	adj. 快速的	challenging	adj. 挑战的
controversy	n. 争论	percentage	n. 百分比
rate	n. 比率	harmful	adj. 有害的
successful	adj. 成功的	safe	adj. 安全的
nervous	adj. 紧张的	strained	adj. 紧张的
convenient	adj. 方便的	line	n. 队
airport	n. 机场	port	n. 港口
island	n. 岛屿	stone	n. 石头
adequate	adj. 令人满意的	hat	n. 帽子
writer	n. 作家	state	n. 州
player	n. 选手	willow	n. 柳树
reliable	adj. 可信赖的，可靠的	weather	n. 天气
conversation	n. 对话	gap	n. 缝隙
crack	n. 裂缝	temper	n. 脾气
touching	n. 接触	space	n. 空间
charity	n. 慈善	charitable organisation	慈善机构
intact	adj. 完好无损的	donation	n. 捐款
bone	n. 骨头	skeleton	n. 骨架
announcement	n. 宣布	declaration	n. 宣告

decision	*n.* 决定	solar	*adj.* 太阳的
tractor	*n.* 拖拉机	mobile	*adj.* 运动的
night	*n.* 夜晚	length	*n.* 长度
association	*n.* 协会	soil	*n.* 土壤
sex	*n.* 性别	desire	*n.* 欲望
discomfort	*n.* 不适的地方	client	*n.* 客户
basic	*adj.* 基础的	redundant	*adj.* 多余的
bowl	*n.* 碗	abbreviation	*n.* 缩写
flourish	*n.* 繁荣	youth	*n.* 年轻人，青年
pressure	*n.* 压力	blond	*adj.* 金发的
wave	*n.* 波浪	shelter	*n.* 遮蔽处
refuge	*n.* 避难所	plan	*n.* 计划
useless	*adj.* 没用的	dialogue	*n.* 对话
dedication	*n.* 奉献	attempt	*n.* & *v.* 努力
noisy	*adj.* 嘈杂的	handy	*adj.* 方便的
magazine	*n.* 杂志	owner	*n.* 所有者
profit	*n.* 利润	figure	*n.* 数字
kit	*n.* 工具箱	irregular	*adj.* 不规则的
carpet	*n.* 地毯	dust	*n.* 灰尘
resistant	*adj.* 抵抗的	conservation	*n.* 保留，保护区
nap	*n.* 小睡	doze	*v.* 小睡，打盹儿
hard-working	努力工作的	workload	*n.* 工作量
isolation	*n.* 隔离	pie	*n.* 饼
frequent	*adj.* 经常的	loyal	*adj.* 忠诚的
satisfactory	*adj.* 满意的	perk	*n.* 额外收入，公司优惠
discount	*n.* 打折	give sb. a sack	解雇
kick sb. out of work	解雇	law	*n.* 法律
favor	*n.* 喜爱	burglar	*n.* 夜盗
robber	*n.* 强盗	blind	*adj.* 盲的
threat	*n.* 威胁	grammar	*n.* 语法

step	n. 步骤，台阶	award	n. 奖励
internet	n. 互联网	gesture	n. 手势
image	n. 形象	making	n. 制造
advertising	n. 广告	precious	adj. 珍贵的
duty	n. 责任	abuse	v. 虐待
domestic violence	家庭暴力	dependent	adj. 依赖的
ray	n. 光线	acid	n. 酸
washing	n. 洗	robot	n. 机器人
elements	n. 因素	clever	adj. 聪明的
smart	adj. 聪明的	souvenir	n. 纪念品
helpline	n. 帮助热线	width	n. 宽度
favorite	adj. 最喜爱的	online	n. 在线
flag	n. 旗	instrument	n. 仪器，乐器
guitar	n. 吉他	piano	n. 钢琴
design	n. 设计	beat	v. 跳动
pair	n. 副	telescope	n. 望远镜
delivery	n. 发送，送货	sharp	adj. 锋利的，紧急的
pleasure	n. 乐趣	delight	n. 高兴
institute	n. 机构	visible	adj. 可见的
silence	n. 安静	dispute	n. 争端
controversy	n. 争议	debate	n. 辩论
shuttle	n. 穿梭	rat	n. 老鼠
golf	n. 高尔夫	risk	n. 冒险
adventure	n. 冒险	surprise	n. 惊奇
maid	n. 女仆	pal	n. 伙伴
actor	n. 男演员	flow	n. 流量
measurement	n. 测量	stability	n. 稳定
enormous	adj. 广泛的，大的	broad	adj. 广泛的
timber	n. 木材	draw	n. 绘图
concession	n. 让步	existence	n. 存在

baldness *n.* 秃头	gold *n.* 金子
divorce *n.* 离婚	breath-taking *adj.* 令人屏住呼吸的
majority *n.* 多数	exchange *n.* 交换
net *n.* 网	slang *n.* 俚语
switch *n.* 开关	overall *adj.* 整个的
whole *adj.* 整个的	pattern *n.* 模式，花纹
ground *n.* 场地	fair *adj.* 公平的
memorise *v.* 记住	corpse *n.* 尸体
keeper *n.* 养育者	ending *n.* 结果
texture *n.* 质地	super *adj.* 超级的
rock *n.* 岩石	branch *n.* 分支，分部
informative *adj.* 通知的，有信息的	agreement *n.* 同意
high quality camera 高质量相机	domestic *adj.* 内部的
religion *n.* 宗教	empty *adj.* 空的
package *n.* 包装	distant *adj.* 远的
remote *adj.* 远的	fair *adj.* 美丽的，公平的
story *n.* 故事	evidence *n.* 证据
positive *adj.* 积极的	negative *adj.* 消极的 *n.* 负片
exciting *adj.* 令人兴奋的	conqueror *n.* 征服者
distribution *n.* 分布	confirmation *n.* 证实，确认
virtually *adv.* 几乎	almost *adv.* 几乎，差不多
worthwhile *adj.* 值得的	main *adj.* 主要的
grass *n.* 草	cliff *n.* 悬崖
physically *adv.* 身体地	irrigation *n.* 灌溉
scarce *adj.* 不足的	removal *n.* 去掉
low-risk 低风险	cannibal *n.* 食人者
herbivorous *adj.* 食草的	scent *n.* 气味
scheme *n.* 方案	overhead view 俯视

visitor	n. 访问者	tile	n. 瓦
likelihood	n. 可能性	possibility	n. 可能性
danger	n. 危险	hazardous	adj. 危险的
pure	adj. 纯洁的	repeat	n. & v. 重复
correspondence	n. 写信	letter	n. 信件
unanimous	adj. 意见一致的	depth	n. 深度
approval	n. 同意	enthusiasm	n. 热情
housekeeping	n. 家务管理	emotion	n. 感情
performer	n. 表演者	miserable	adj. 痛苦的
craft	n. 手艺	hero	n. 英雄
politics	n. 政治	author	n. 作者
serious	adj. 严肃的	prone	n. 容易，倾向于
essential	adj. 基本的	fundamental	adj. 基本的
steel	n. 钢材	traditional	adj. 传统的
ordinary	n. 普通的	preposition	n. 介词
wing	n. 翅膀，翼	watchdog	n. 警察局的名称
second-hand	adj. 二手的	cheerful	adj. 高兴的
reform	n. 改革	contract	n. 合同，印花税
barren	adj. 贫瘠的	event	n. 事件
intervention	n. 干涉	metal	n. 金属
kiosk	n. 小卖部	seven-screen	adj. 7个屏幕的
handball	n. 手球	independence	n. 独立
age	n. 年纪	immune	adj. 免疫的
warehouse	n. 仓库，仓储超市	self-defence	n. 自卫
carving	n. 雕刻	privacy	n. 隐私
apostrophe	n. 右上角省略号	poll	n. （民意）调查
elbow	n. 肘	hunting	n. 打猎
self-discipline	n. 自我约束	tune	n. 曲调
expansion	v. 扩充	sailing	n. 航行
rows	n. 横排	maintain	v. 维修

former	*adj.* 以前的	previous	*adj.* 以前的
surrounding	*n.* 周围	toy	*n.* 玩具
expectancy	*n.* 期待	fabric	*n.* 纺织品
section	*n.* 部分	star	*n.* 恒星
artistic	*adj.* 艺术的	self-funded	*adj.* 自给自足的
self-sufficient	*adj.* 自给自足的	addition	*n.* 额外
sacked	*adj.* 被解雇的	preference	*n.* 偏爱
flash	*n.* 闪	exception	*n.* 例外
reinforced	*adj.* 加强的	highly-trained	*adj.* 高度训练的
vary	*v.* 变化	pure	*adj.* 纯洁的
harbour	*n.* 港口	port	*n.* 港口
skin	*n.* 皮肤	heroine	*n.* 女主人公
exposure	*n.* 曝光	inability	*n.* 没能力
pianist	*n.* 钢琴家	housing	*n.* 住房
naught	*n.* 零	stair	*n.* 楼梯
complaint	*n.* 抱怨	noise	*n.* 噪声
potential	*adj.* 潜在的	value	*n.* 价值
mixture	*n.* 混合物	irritable	*adj.* 易怒的
arrival	*n.* 到达	satisfaction	*n.* 满意
status	*n.* 地位	stage	*n.* 舞台，阶段
permit	*n.* 许可证	discovery	*n.* 发现
parcel	*n.* 包裹	sufficient	*adj.* 充分的
subjective	*adj.* 主观的	objective	*adj.* 客观的
page	*n.* 页码	usual	*adj.* 普通的
latest	*adj.* 最新的	development	*n.* 发展
rehearsal	*n.* 演习，彩排	weapon	*n.* 武器
trade	*n.* 贸易	innovation	*n.* 革新
lava	*n.* 火山岩	theft	*n.* 盗窃
knowledge	*n.* 知识	curly	*adj.* 卷发的
cotton	*n.* 棉花	mill	*v.* 碾磨，磨细

magic	adj. 魔术的	systematic	adj. 系统的
shell	n. 贝壳	unique	adj. 独特的
polish	v. 抛光，擦亮	knife	n. 刀
critical	adj. 批评的	consumption	n. 消费
crisis	n. 危机	belt	n. 带子
steady	adj. 稳定的	deteriorate	v. 恶化
surface	n. 表面	seasoned	adj. 风干的
cupboard	n. 橱柜	inland	n. 内陆
free	adj. 自由的	response	n. 回答
answer	n. 回答	jewelry	n. 珠宝
journalist	n. 记者	repair	v. 修理
cage	n. 笼子	candle	n. 蜡烛
wax	n. 蜡	sensible	adj. 明智的
depression	n. 沮丧	layer	n. 阶层
ambiguous	adj. 有歧义的	excuse	n. 借口
lessen	v. 减轻	layout	n. 平面图
reflectance	n. 反射系数	reserve	n. 保留
book in advance	预订	genetic	adj. 遗传的
import	n. 进口	tribute	n. 贡品
bridge	n. 桥	chat	n. 聊天
strike	n. 罢工	basis	n. 基础
amazing	adj. 令人惊讶的	reliable	adj. 可依赖的
shelf	n. 架子	frequency	n. 频率
enhance	v. 提高	improve	v. 提高
petrol	n. 汽油	adequate	adj. 充足的
soundproof	adj. 隔音的	loss	n. 损失
stuff	n. 原料，东西	resistance	n. 抵抗
authority	n. 权威	opportunity	n. 机会
mathematics	n. 数学	predictable	adj. 可预言的
band	n. 乐队	replacement	n. 替代

container	*n.* 容器	margin	*n.* 页边的空白
wedding	*n.* 婚礼	satellite	*n.* 卫星
assistance	*n.* 援助	reverse	*adj.* 相反的
awful	*adj.* 可怕的	appeal	*n.* 呼吁
agriculture	*n.* 农业	oil	*n.* 油
anger	*n.* 愤怒	pop	*adj.* 流行的
delay	*n.* 耽搁	Olympic	*adj.* 奥林匹克运动会的
have strong hearts and lungs	心肺功能良好	perfect	*adj.* 完美的
suitable	*adj.* 合适的	dial	*v.* 拨号
sting	*n.* 刺	scandal	*n.* 丑闻
sponsor	*n.* 赞助者	alternative	*adj.* 可选择的
uncomfortable	*adj.* 不舒服的	relevant	*adj.* 相关的
beautiful	*adj.* 美丽的	chocolate	*n.* 巧克力
percent	*n.* 百分比	nurse	*n.* 护士
companion	*n.* 同伴	usage	*n.* 使用
strength	*n.* 力量	relief	*n.* 减轻（痛苦）
hunt	*n.* 打猎	emperor	*n.* 皇帝
king	*n.* 国王	sign	*n.* 标记
mile	*n.* 英里	accuracy	*n.* 准确度
precision	*n.* 精密度	appointment	*n.* 预约
pleasant	*adj.* 愉快的	steering	*n.* 操纵
website	*n.* 网址	influence	*n.* 影响
instruct	*v.* 提示	kilogram	*n.* 公斤
disposal	*n.* 处理	illegal	*adj.* 非法的
mine	*n.* 矿	television	*n.* 电视
magnificent	*adj.* 华丽的	season	*n.* 季节 *v.* 风干
measure	*n.* 测量	Drama Festival	戏剧节
beard	*n.* 胡子	moustache	*n.* 上唇上的小胡子
decline	*n.* 下降	shoplifter	*n.* 顺手牵羊的人

beauty	n. 美女	rider	n. 骑手
mood	n. 情绪	westerner	n. 西方人
floor	n. 地板	initial	adj. 最初的 n. 首字母
scale	n. 天平	sculpture	n. 雕刻
carve/engrave sth.	雕刻东西	serial	adj. 连续的
network	n. 网络	badge	n. 徽章
channel	n. 海峡	raw	adj. 生的
river	n. 河	self-defense	n. 自卫
stressful	n. 压力的	legal	adj. 合法的
reinvest	v. 重新投资	little-known	adj. 无名的
seating capacity	容纳观众人数	cross passage	通道
running tunnel	行车隧道	filter	v. & n. 过滤
rank	n. 等级	non-active	adj. 不活跃的
concentration	n. 集中	microchip	n. 芯片
automobile	n. 汽车	exposition	n. 博览会
monitor	v. 监视 n. 监视器	brick	n. 砖
flood	n. 洪水	suntan block	防晒
altitude	n. 高度	drums	n. 鼓
tunes	n. 曲调	concert	n. 音乐会
stretching	adj. 伸展的	mat	n. 脚垫
petrol	n. 汽油	head office	总部
computer programmer	电脑程序员	traditional	adj. 传统的
attitude	n. 态度	strict control	严格控制
sector	n. 部分	digital system	数码系统
preservation	n. 保存	fan	n. 迷，粉丝，扇子
radar	n. 雷达	storage space	存储空间
calculating	adj. 算计的	simulation	n. 模拟
litre	n. 公升	collection tank	储存罐
decade	n. 十年	accountable	adj. 可数的

private property	私人财产	philosophers	*n.* 哲学家
corrupt	*adj.* 腐败的	morality	*n.* 道德
ethic	*n.* 道德	uncomfortable	*adj.* 不舒服的
general election	大选，普选	manufacture	*v.* 生产
evolution	*n.* 进化	reproduce	*v.* 再生产
layout	*n.* 平面图	double-grill	*n.* 双格栅
heat indicator	热度指示	buried	*adj.* 埋藏的
power company	供电公司	batteries	*n.* 电池
tides	*n.* 潮水	hearing	*n.* 听觉
moderate	*adj.* 中度的	cost effective	性价比比较高
shade	*n.* 阴影	climate	*n.* 天气
flooding	*n.* 洪水		

adopt [ə'dɒpt] *vt.* 收养

cleanest ['kli:nɪst] *adj.* 最干净的

Tips: 这个词是最高级。

artificial [ˌɑ:tɪ'fɪʃl] *adj.* 人工的

footprint ['fʊtprɪnt] *n.* 足迹，脚印

复数 footprints ['fʊtprɪnts]

advantage [əd'vɑ:ntɪdʒ] *n.* 优势

复数 advantages [əd'vɑ:ntɪdʒɪz]

kaleidoscope [kə'laɪdəskəʊp] *n.* 万花筒

question ['kwestʃən] *n.* 问题

复数 questions ['kwestʃənz]

word [wɜ:d] *n.* 单词

复数 words [wɜ:dz]

Tips: 要注意复数的发音。

plate [pleɪt] *n.* 盘子，图版

复数 plates [pleɪts]

Tips: 雅思中考图版这个词, 是讲印刷流程的。

third [θɜːd] *pron.* 第三

Tips: 这个词在雅思里的同义替换词是tertiary（第三的、高级的），例如：tertiary education（高等教育），这个单词要注意拼写。

lack [læk] *v.* 缺乏

Tips: 这个单词后面接of 或者直接使用。可以是lack of confidence，也可以是lack confidence。

working ['wɜːkɪŋ] *n.* 工作

Tips: 在英音中，这个词和walking的发音很像。雅思考试中出现的是walking club，所以，即使听到了working club，也要写成walking club。

reason ['riːzn] *n.* 理由

复数 reasons ['riːznz]

skill [skɪl] *n.* 技能

复数 skills [skɪlz]

机经词汇 interpersonal skills 人际交往能力

problem ['prɒbləm] *n.* 问题

复数 problems ['prɒbləmz]

advice [əd'vaɪs] *n.* 建议

Tips: 这是不可数名词。

type [taɪp] *n.* 类型，种类

机经词汇 typical ['tɪpɪkl] *adj.* 典型的

million ['mɪljən] *n.* 百万

机经词汇 millions of 上百万的

film [fɪlm] *n.* 胶卷，电影

复数 films [fɪlmz]

机经词汇 常见的电影种类如下：

newsreel ['nju:zri:l] *n.* 新闻片，纪录片
documentary [,dɒkjʊ'mentrɪ] *n.* 纪录片，文献片
literary film 文艺片
musicals ['mju:zɪklz] *n.* 音乐剧
trailer ['treɪlə(r)] *n.* 预告片
comedy ['kɒmədɪ] *n.* 喜剧片
tragedy ['trædʒədɪ] *n.* 悲剧片
horror film 恐怖片
disaster[dɪ'zɑ:stə] *n.* 灾难片
thriller ['θrɪlə] 惊悚片
Kungfu film 武侠片
detective film 侦探片
ethical film 伦理片
biographies [baɪ'ɒgrəfɪz] *n.* 传记片
science fiction 科幻片
romance/love story 爱情片
western ['westən] *n.* 西部片
cartoon [kɑ:'tu:n] *n.* 卡通片，动画片

goods [gʊdz] *n.* 物品

Tips: 千万不能缺少s。还要注意这个词与commodity的替换。

famous ['feɪməs] *adj.* 著名的

机经词汇 famed [feɪmd] *adj.* 著名的

factor ['fæktə(r)] *n.* 因素

复数 factors ['fæktə(r)z]

world [wɜːld] *n.* 世界

seat [siːt] *n.* 座位

复数 seats [siːts]

century ['sentʃərɪ] *n.* 世纪

机经词汇 the 21st century 21世纪

idea [aɪ'dɪə] *n.* 主意

复数 ideas [aɪ'dɪəz]

female ['fiːmeɪl] *n.* 女性

male [meɪl] *n.* 男性

speed [spiːd] *n.* 速度

机经词汇 flying speed 飞行速度

angry ['æŋgrɪ] *adj.* 气愤的，生气的

Tips: 雅思真题中用out of temper 表示生气。注意选择题的同义词替换。

cause [kɔːz] *n.* 起因

复数 causes ['kɔːzɪz]

clock [klɒk] *n.* 钟

机经词汇 clock watch 报时表
biological clock 生物钟
sand-glass clock 沙漏
water-clock 水钟

Tips: 水钟记时有两种方法，一种是利用特殊容器记录把水漏完的时间（泄水型），另一种是底部不开口的容器，记录它用多少时间把水装满（受水型）。

energy ['enədʒɪ] *n.* 能量

复数 energies ['enədʒɪz]

experience [ɪk'spɪərɪəns] *n.* 经验 *v.* 体验

机经词汇 experienced [ɪk'spɪərɪənsd] *adj.* 有经验的

government ['gʌvənmənt] *n.* 政府

复数 governments ['gʌvənmənts]

Tips: 注意拼写，别丢掉n。

机经词汇 government policy 政府政策

government-funded 政府资助的

result [rɪ'zʌlt] *n.* 结果

复数 results [rɪ'zʌlts]

机经词汇 result in 导致

result from 归因于

research results 研究结果

offer ['ɒfə(r)] *v.* 提供

机经词汇 special offers 特别优惠

quantity ['kwɒntətɪ] *n.* 数量

fire ['faɪə(r)] *n.* 火灾 *v.* 解雇

机经词汇 fire management 火灾防范

top [tɒp] *n.* 顶尖

机经词汇 top ten 流行乐曲十大畅销唱片

trouble ['trʌbl] *n.* 麻烦

机经词汇 troublesome ['trʌblsəm] *adj.* 带来麻烦的

purpose ['pɜːpəs] *n.* 目的

aim [eɪm] *n.* 瞄准，对准

relation [rɪ'leɪʃn] *n.* 关系

复数 relations [rɪ'leɪʃnz]

机经词汇 relationship [rɪ'leɪʃnʃɪp] *n.* 关系

painting ['peɪntɪŋ] *n.* 绘画

机经词汇 paint [peɪnt] *n.* 油漆

hand [hænd] *n.* 手，指针

机经词汇 hands broken 指针坏了

range [reɪndʒ] *n.* 范围

机经词汇 range of English level 英语水平的范围

demonstration [ˌdemən'streɪʃn] *n.* 示威，演示

Tips: 作“演示”这个意思讲的时候，可以直接用demo（口语）。

least [liːst] *adv.* 最少，最小

机经词汇 at least 至少

last but not least 最后的但是也很重要的（表示总结）

Tips: 雅思考试中这个词组在最后总结之前要出现。

confidence ['kɒnfɪdəns] *n.* 自信

机经词汇 lack of confidence 缺乏自信

confident ['kɒnfɪdənt] *adj.* 自信的

difference ['dɪfrəns] *n.* 差异，差别

复数 differences ['dɪfrənsɪz]

机经词汇 different ['dɪfrənt] *adj.* 不同的

requirement [rɪ'kwaɪə(r)mənt] *n.* 要求

复数 requirements [rɪ'kwaɪə(r)mənts]

glass [glɑːs] *n.* 玻璃，眼镜

Tips: 一般用复数glasses。

contact lenses 隐形眼镜

effect [ɪ'fekt] *n.* 效果，影响，作用

复数 effects [ɪ'fekts]

机经词汇 affect [ə'fekt] *v.* 影响

side effects 副作用

positive effect 积极影响

negative effect 消极影响

sound effect 音效

social matter effects 社会问题影响

effective [ɪ'fektɪv] *adj.* 有效的

effectively [ɪ'fektɪvlɪ] *adv.* 有效地

efficient [ɪ'fɪʃnt] *adj.* 有效率的

机经词汇 efficiently [ɪ'fɪʃntlɪ] *adv.* 有效率地

individual [ˌɪndɪ'vɪdʒuəl] *adj.* 个人的

personal ['pɜːsənl] *adj.* 个人的

Tips: 要注意以上这两个单词的替换。

variety [və'raɪətɪ] *n.* 种类

机经词汇 a (great) variety of 很多种

chance [tʃɑːns] *n.* 机会

hint [hɪnt] *n.* 暗示

复数 hints [hɪnts]

attentive [ə'tentɪv] *adj.* 注意的

机经词汇 attention [ə'tenʃn] *n.* 注意

awareness [ə'weə(r)nɪs] *n.* 意识

机经词汇 aware [ə'weə(r)] *adj.* 意识到的

public awareness 公众意识

crime awareness 犯罪意识

luck [lʌk] *n.* 运气

fortune ['fɔːtʃuːn] *n.* 运气

solution [sə'luːʃn] *n.* 解决

复数 solutions [sə'luːʃnz]

机经词汇 solve [sɒlv] *v.* 解决，解答

various ['veərɪəs] *adj.* 各种的

machine [mə'ʃiːn] *n.* 机器

复数 machines [mə'ʃiːnz]

机经词汇 machines and robots 机器和机器人

condition [kən'dɪʃn] *n.* 状况，条件

复数 conditions [kən'dɪʃnz]

unusual [ʌn'juːʒl] *adj.* 非同寻常的

机经词汇 usual ['juːʒl] *adj.* 平常的

appearance [ə'pɪərəns] *n.* 外貌

复数 appcarances [ə'pɪərənsɪz]

notice ['nəʊtɪs] *n.* 注意

attention [ə'tenʃn] *n.* 注意，专心

feature ['fiːtʃə(r)] *n.* 特点

复数 features ['fiːtʃə(r)z]

机经词汇 distinguishing feature 显著特色

guy [gaɪ] *n.* 家伙

复数 guys [gaɪz]

dominant ['dɒmɪnənt] *adj.* 最主要的

main [meɪn] *adj.* 主要的

focus ['fəʊkəs] *v.* 集中，聚焦

机经词汇 focus on = concentrate on 注意

career [kə'rɪə(r)] *n.* 事业

part-time 兼职的

机经词汇 part-time job 兼职工作

sense [sens] *n.* 感觉

易混 cents [sents] 分

机经词汇 sense of success 成就感

sense of achievement 成就感

regularly ['regjʊlə(r)lɪ] *adv.* 定期地

机经词汇 regular ['regjʊlə(r)] *adj.* 定期的

original [ə'rɪdʒənl] *n.* 最初的

机经词汇 original reason 最初理由

special ['speʃl] *adj.* 特别的

机经词汇 special mail 速递

special audio equipment 特别听力设备
special chemicals 特别的化学物质

personality [ˌpɜːsəˈnælətɪ] *n.* 个性

character [ˈkærəktə(r)] *n.* 品质，特性

gender [ˈdʒendə(r)] *n.* 性别

related [rɪˈleɪtɪd] *adj.* 相关的

机经词汇 relation [rɪˈleɪʃn] *n.* 关系

total [ˈtəʊtl] *n.* 总数

responsibility [rɪˌspɒnsəˈbɪlətɪ] *n.* 责任

复数 responsibilities [rɪˌspɒnsəˈbɪlətɪs]

机经词汇 assume the responsibility 承担责任

army [ˈɑːmɪ] *n.* 军队

military [ˈmɪlɪtrɪ] *adj.* 军人的，军队的

sample [ˈsɑːmpl] *n.* 样本

复数 samples [ˈsɑːmplz]

机经词汇 blood sample 血液样本
size of sample 样本的大小

pottery [ˈpɔtərɪ] *n.* 瓷器

复数 potteries [ˈpɒtərɪz]

cinema [ˈsɪnɪmə] *n.* 电影院

复数 cinemas [ˈsɪnɪməz]

qualification [ˌkwɒlɪfɪˈkeɪʃn] *n.* 资格

复数 qualifications [ˌkwɒlɪfɪˈkeɪʃnz]

机经词汇 minimum qualification 最低资格

selection [sɪ'lekʃn] *n.* 选择

复数 selections [sɪ'lekʃnz]

promising ['prɒmɪsɪŋ] *adj.* 有前途的

migratory ['maɪgrətrɪ] *adj.* 迁移的

CD [ˌsiː diː] *n.* 光盘

机经词汇 CD-ROM 光驱

photograph ['fəʊtəgrɑːf] *n.* 照片

复数 photographs ['fəʊtəgrɑːfs]

popular ['pɒpjʊlə(r)] *adj.* 时髦的

fashionable ['fæʃnəbl] *adj.* 流行的，时髦的

matching ['mætʃɪŋ] *n.* 搭配

Tips: 动词形式是match。

supply [sə'plaɪ] *v.* 提供

offer ['ɒfə(r)] *v.* 提供

noble ['nəʊbl] *adj.* 高尚的，贵族的

aristocrat ['ærɪstəkræt] *n.* 贵族

British ['brɪtɪʃ] *adj.* 英国的

机经词汇 British Library 大英图书馆
British Museum 大英博物馆

collection [kə'lekʃn] *n.* 收集

复数 collections [kə'lekʃnz]

ignorance ['ɪgnərəns] *n.* 无知

机经词汇 ignore [ɪg'nɔː(r)] *v.* 忽视

explosion [ɪk'spləʊʒn] *n.* 爆炸

blast [blɑːst] *n.* 爆炸

model ['mɒdl] *n.* 模型

复数 models ['mɒdlz]

机经词汇 car model 汽车模型

computer model 电脑模型

foreign ['fɒrɪn] *adj.* 国外的

domestic [də'mestɪk] *adj.* 国内的

tone [təʊn] *n.* 某种语言的音调

复数 tones [təʊnz]

document ['dɒkjʊmənt] *n.* 文件

复数 documents ['dɒkjʊmənts]

heavy ['hevɪ] *adj.* 重的

机经词汇 heavier ['hevɪə] *adj.* 更沉重的

attention [ə'tenʃn] *n.* 注意

复数 attentions [ə'tenʃnz]

fashion ['fæʃn] *n.* 时尚

机经词汇 fashionable ['fæʃnəbl] *adj.* 时髦的

silver ['sɪlvə(r)] *adj.* 银的

机经词汇 silver cloth 银布

Tips: 雅思考试中出现过如下场景：一个女生丢了钱包，警察问她钱包的材料，用到了这个词。

strong [strɒŋ] *adj.* 强壮的

机经词汇 stronger ['strɒŋə] *adj.* 更强的

stout [staʊt] *adj.*（形容人）结实的，强壮的

slim [slɪm] *adj.* 苗条的

united [juː'naɪtɪd] *adj.* 联合的

机经词汇 unite [juː'naɪt] *v.* 联合

normal ['nɔːml] *adj.* 正常的

机经词汇 abnormal [æb'nɔːml] *adj.* 不正常的

theatre ['θɪətə(r)] *n.* 剧院

Tips: 这个单词还有一种拼写形式，就是“theater”。

fiber ['faɪbə(r)] *n.* 纤维（也作**fibre**）

机经词汇 organic fibre 有机纤维
natural fibre 自然纤维

tribe [traɪb] *n.* 部落

复数 tribes [traɪbz]

机经词汇 local tribes 当地部落

process ['prəʊses] *n.* 过程

复数 processes ['prəʊsesɪz]

机经词汇 processing ['prəʊsesɪŋ] *n.* 处理
undergo processing 进行处理

exaggerate [ɪg'zædʒəreɪt] *v.* 夸张

overstate [,əʊvə'steɪt] *v.* 夸大

side [saɪd] *n.* 面，边

复数 sides [saɪdz]

机经词汇 side effects 负面影响

several ['sevrəl] *adj.* 几个

a couple of 几个

identification [aɪ,dentɪfɪ'keɪʃn] *n.* 识别，身份

volunteer [,vɒlən'tɪə(r)] *n.* 自愿者

复数 volunteers [,vɒlən'tɪə(r)z]

technology [tek'nɒlədʒɪ] *n.* 科技

复数 technologies [tek'nɒlədʒɪz]

机经词汇 new technologies 新科技

communication technology 通讯技术

technique [tek'niːk] *n.* 技术

direct [dɪ'rekt] *adj.* 直接的

机经词汇 directly [dɪ'rektlɪ] *adv.* 直接地

short [ʃɔːt] *adj.* 短的

机经词汇 shortage ['ʃɔːtɪdʒ] *n.* 缺点

classical ['klæsɪkl] *adj.* 古典的

机经词汇 classical music 古典音乐

architecture ['ɑːkɪtektʃə(r)] *n.* 建筑物

复数 architectures ['ɑːkɪtektʃə(r)z]

机经词汇 architecture style 建筑风格

architect ['ɑːkɪtekt] *n.* 建筑师

storehouse ['stɔː(r)haʊs] *n.* 仓库

机经词汇 warehouse ['weəhaʊs] *n.* 货仓

useful ['juːsfl] *adj.* 有用的

helpful ['helpfl] *adj.* 有用的

disco ['dɪskəʊ] *n.* 迪斯科

复数 discos ['dɪskəʊz]

participant [pɑː'tɪsɪpənt] *n.* 参加者

复数 participants [pɑː'tɪsɪpənts]

trend [trend] *n.* 趋势

复数 trends [trendz]

机经词汇 upward trend 上升趋势
downward trend 下降趋势
overall trend 总体趋势

maximum ['mæksɪməm] *n.* 最大

minimum ['mɪnɪməm] *n.* 最小

lawyer ['lɔːjə(r)] *n.* 律师

复数 lawyers ['lɔːjə(r)z]

familiar [fə'mɪlɪə(r)] *adj.* 熟悉的

机经词汇 familiar with 熟悉，通晓

placement ['pleɪsmənt] *n.* 放置

机经词汇 place [pleɪs] *n.* 地方，场所

Tips: 在国外的分班考试称作 placement test。

conquest ['kɒŋkwest] *n.* 征服

机经词汇 conquer ['kɒŋkə(r)] *v.* 征服

overcome [ˌəʊvə'kʌm] *v.* 克服

impossible [ɪm'pɒsəbl] *adj.* 不可能的

机经词汇 possible ['pɒsəbl] *adj.* 可能的

farmer ['fɑːmə] *n.* 农民

复数 farmers ['fɑːməz]

identity [aɪ'dentətɪ] *n.* 身份

复数 identities [aɪ'dentətɪz]

机经词汇 not check identities 不检查身份

cultivation [ˌkʌltɪ'veɪʃn] *n.* 培育

foster ['fɒstə(r)] *v.* 培养

breed [briːd] *v.* 喂养

lifestyle ['laɪfstaɪl] *n.* 生活方式

机经词汇 sedentary lifestyle 久坐的生活方式

hobby ['hɒbɪ] *n.* 爱好

复数 hobbies ['hɒbɪz]

fraud [frɔːd] *n.* 诈骗，假货

fake [feɪk] *adj.* 假的，伪造的

performance [pə'fɔːməns] *n.* 表现，表演

机经词汇 circus performance 马戏团的表演

picture ['pɪktʃə(r)] *n.* 图

复数 pictures ['pɪktʃə(r)z]

inspiring [ɪn'spaɪərɪŋ] *adj.* 鼓舞人心的

exciting [ɪk'saɪtɪŋ] *adj.* 令人兴奋的

rising ['raɪzɪŋ] *adj.* 上升的

ascending [ə'sendɪŋ] *adj.* 上升的

simple ['sɪmpl] *adj.* 简单的

amount [ə'maʊnt] *n.* 数量

average ['ævərɪdʒ] *n.* 平均

机经词汇 average ability 平均能力

delegate ['delɪgeɪt] *n.* 代表

机经词汇 delegation [ˌdelɪ'geɪʃn] *n.* 代表团

fly [flaɪ] *n.* 飞行

机经词汇 flying craft 飞行器

behavior [bɪ'heɪvjə(r)] *n.* 行为

复数 behaviors [bɪ'heɪvjə(r)z]

spare [speə(r)] *adj.* 多余的

机经词汇 spare time 业余时间
spare parts 零件

retirement [rɪ'taɪəmənt] *n.* 退休

movie ['mu:vɪ] *n.* 电影

复数 movies ['mu:vɪz]

sun [sʌn] *n.* 太阳

机经词汇 sun's position 太阳的位置
sunshield 遮阳板
sunlight ['sʌnlaɪt] *n.* 阳光
sundial ['sʌndaɪəl] *n.* 日晷（重音在第一个音节上）

Tips: 重音在第一个音节上。

specific [spə'sɪfɪk] *adj.* 特别的

export [ɪk'spɔ:t] *v.* 出口

import [ɪm'pɔːt] *v.* 进口

commercial [kə'mɜːʃl] *n.* 电视广告

复数 commercials [kə'mɜːʃlz]

benefit ['benɪfɪt] *n.* 优势

复数 benefits ['benɪfɪts]

west [west] *n.* 西部

机经词汇 western ['westən] *adj.* 西方的

Western Europe 西欧

westerner ['westənə] *n.* 西方人

east [iːst] *n.* 东部

formal ['fɔːml] *adj.* 正式的

cocktail ['kɒkteɪl] *n.* 鸡尾酒

cite [saɪt] *v.* 引证，表扬

易混 site [saɪt] *n.* 位置

sight [saɪt] *n.* 视线

land [lænd] *n.* 土地

机经词汇 wasteland 荒地

barren land 荒地

irrigable land 水浇地

tilled land 耕地

organiser ['ɔːgənaɪzə] *n.* 组织者

复数 organisers ['ɔːgənaɪzəz]

rapid ['ræpɪd] *adj.* 快速的

机经词汇 rapidly ['ræpɪdlɪ] *adv.* 快速地

challenging ['tʃælɪndʒɪŋ] *adj.* 挑战的

controversy ['kɒntrəvɜːsɪ] *n.* 争论

percentage [pə'sentɪdʒ] *n.* 百分比

rate [reɪt] *n.* 比率

harmful ['hɑːmfl] *adj.* 有害的

机经词汇 eat harmful insects 吃有害昆虫

harmful to humans 对人类有害

successful [sək'sesfl] *adj.* 成功的

机经词汇 success [sək'ses] *n.* 成功

safe [seɪf] *adj.* 安全的

nervous ['nɜːvəs] *adj.* 紧张的

strained [streɪnd] *adj.* 紧张的

convenient [kən'viːnɪənt] *adj.* 方便的

机经词汇 convenience [kən'viːnɪəns] *n.* 方便，便利

Tips: 注意convenient这个单词的拼写。

unconvincing [ˌʌnkən'vɪnsɪŋ] *adj.* 没有说服力的

convince [kən'vɪns] *v.* 说服

line [laɪn] *n.* 队

Tips: 这是美式说法，英式的用queue。

机经词汇 jump the queue/line 插队

airport ['eə(r)pɔːt] *n.* 机场

port [pɔːt] *n.* 港口

island ['aɪlənd] *n.* 岛屿

Tips: 雅思考试中曾经出现一张CD的名称，叫Silent Island，首字母要大写。

stone [stəʊn] *n.* 石头

复数 stones [stəʊnz]

机经词汇 precious stone 宝石

adequate ['ædɪkwət] *adj.* 令人满意的

机经词汇 inadequate [ɪn'ædɪkwət] *adj.* 不足的

hat [hæt] *n.* 帽子

复数 hats [hæts]

writer ['raɪtə(r)] *n.* 作家

机经词汇 writing ['raɪtɪŋ] *n.* 写作

state [steɪt] *n.* 州

复数 states [steɪts]

player ['pleɪə(r)] *n.* 选手

Tips: 雅思中常考的是"CD player"。

willow ['wɪləʊ] *n.* 柳树

复数 willows ['wɪləʊz]

reliable [rɪ'laɪəbl] *adj.* 可信赖的，可靠的

机经词汇 unreliable [ˌʌnrɪ'laɪəbl] *adj.* 不可依赖的

weather ['weðə(r)] *n.* 天气

conversation [ˌkɒnvə'seɪʃn] *n.* 对话

Tips: 注意区分conservation（[ˌkɒnsə'veɪʃn] *n.* 保护）。

gap [gæp] *n.* 缝隙

crack [kræk] *n.* 裂缝

temper ['tempə(r)] *n.* 脾气

机经词汇 lose temper 失态

be out of temper 生气

touching ['tʌtʃɪŋ] *n.* 接触

机经词汇 touch [tʌtʃ] *v.* 触摸

avoid touching rocks 不要接触岩石

space [speɪs] *n.* 空间

机经词汇 spacious ['speɪʃəs] *adj.* 宽敞的，宽广的

charity ['tʃærətɪ] *n.* 慈善

机经词汇 charity hospital 慈善医院

charitable organisation 慈善机构

intact [ɪn'tækt] *adj.* 完好无损的

Tips: 注意发音，重音在第二个音节上。

donation [dəʊ'neɪʃn] *n.* 捐款

机经词汇 donate [dəʊ'neɪt] *v.* 捐赠

bone [bəʊn] *n.* 骨头

复 数 bones [bəʊnz]

skeleton ['skelɪtn] *n.* 骨架

announcement [ə'naʊnsmənt] *n.* 宣布

declaration [,deklə'reɪʃn] *n.* 宣告

decision [dɪ'sɪʒn] *n.* 决定

机经词汇 decide [dɪ'saɪd] *v.* 决定

solar ['səʊlə(r)] *adj.* 太阳的

机经词汇 solar power 太阳能

solar system 太阳系

tractor ['træktə(r)] *n.* 拖拉机

mobile ['məʊbaɪl] *adj.* 运动的

机经词汇 mobile phone 手机

night [naɪt] *n.* 夜晚

复数 nights [naɪts]

易混 knight [nait] *n.* 骑士，封爵

length [leŋθ] *n.* 长度

association [əˌsəʊsɪ'eɪʃn] *n.* 协会

Tips: associate with, relate to和link to的意思一样，都表示“关于”，是写作中的常用表达方式。

soil [sɔɪl] *n.* 土壤

机经词汇 loss of soil 土壤流失

sex [seks] *n.* 性别

Tips: 包括 male 和 female。

desire [dɪ'zaɪə(r)] *n.* 欲望

机经词汇 desire to learn 学习的欲望

discomfort 不适的地方

client ['klaɪənt] *n.* 客户

复数 clients ['klaɪənts]

basic ['beɪsɪk] *adj.* 基础的

机经词汇 base ['beɪs] *n.* 基础

redundant [rɪ'dʌndənt] *adj.* 多余的

bowl [bəʊl] *n.* 碗

复数 bowls [bəʊlz]

abbreviation [ə'bri:vɪeɪʃn] *n.* 缩写

机经词汇 abbreviate [ə'bri:vɪeɪt] *v.* 缩写

flourish ['flʌrɪʃ] *n.* 繁荣

youth [ju:θ] *n.* 年轻人，青年

Tips: youngster, juvenile和adolescent都表示“青少年”。

pressure ['preʃə(r)] *n.* 压力

机经词汇 under pressure 有压力

blond [blɒnd] *adj.* 金发的

wave [weɪv] *n.* 波浪

复数 waves [weɪvz]

shelter ['ʃeltə(r)] *n.* 遮蔽处

refuge ['refju:dʒ] *n.* 避难所

plan [plæn] *n.* 计划

复数 plans [plænz]

机经词汇 action plan 行动计划

useless ['ju:slɪs] *adj.* 没用的

机经词汇 useful ['ju:sfl] *adj.* 有用的

dialogue ['daɪəlɒg] *n.* 对话

Tips: 雅思听力考试中第一和第三部分通常是对话（dialogue），而第二和第四部分通常是独白（monologue）。

dedication [ˌdedɪˈkeɪʃn] *n.* 奉献

机经词汇 dedicate [ˈdedɪkeɪt] *v.* 奉献

attempt [əˈtempt] *n.* & *v.* 努力

复数 attempts [əˈtempts]

noisy [ˈnɔɪzɪ] *adj.* 嘈杂的

机经词汇 noise [nɔɪz] *n.* 噪声

handy [ˈhændɪ] *adj.* 方便的

magazine [ˌmægəˈziːn] *n.* 杂志

Tips: 不要忘了g后面加a。

owner [ˈəʊnə(r)] *n.* 所有者

机经词汇 ownership [ˈəʊnə(r)ʃɪp] *n.* 所有权

profit [ˈprɒfɪt] *n.* 利润

复数 profits [ˈprɒfɪts]

机经词汇 illegal profits 非法利润

figure [ˈfɪgə(r)] *n.* 数字

复数 figures [ˈfɪgə(r)z]

kit [kɪt] *n.* 工具箱

复数 kits [kɪts]

机经词汇 first-aid kit 急救箱

irregular [ɪˈregjʊlə(r)] *adj.* 不规则的

carpet [ˈkɑːpɪt] *n.* 地毯

dust [dʌst] *n.* 灰尘

机经词汇 volcanic dust 火山灰

resistant [rɪ'zɪstənt] *adj.* 抵抗的

Tips: 要注意字母a, 很多考生会错写成e。雅思中考过这样的场景：化学方法除虫会使昆虫的抗药性更强。

conservation [ˌkɒnsə'veɪʃn] *n.* 保留，保护区

机经词汇 conservative [kən'sɜːvətɪv] *adj.* 保守的

nap [næp] *n.* 小睡

doze [dəʊz] *v.* 小睡，打盹儿

hard-working 努力工作的

workload ['wɜːkləʊd] *n.* 工作量

机经词汇 extra workload 额外工作量

isolation [ˌaɪsə'leɪʃn] *n.* 隔离

机经词汇 social isolation 人们之间有隔阂，没有交流

pie [paɪ] *n.* 饼

机经词汇 pie chart 饼图

frequent ['friːkwənt] *adj.* 经常的

机经词汇 frequency ['friːkwənsɪ] *n.* 频率
low noise frequency 低噪声频率

loyal ['lɔɪəl] *adj.* 忠诚的

机经词汇 loyalty ['lɔɪəltɪ] *n.* 忠诚

satisfactory [ˌsætɪs'fæktərɪ] *adj.* 满意的

perk [pɜːk] *n.* 额外收入，公司优惠

Tips: 在某些公司工作有优惠，例如在服装店工作可以买便宜衣服。

discount ['dɪskaʊnt] *n.* 打折

give sb. a sack 解雇

kick sb. out of work 解雇

law [lɔː] *n.* 法律

favor ['feɪvə(r)] *n.* 喜爱

burglar ['bɜːɡlə(r)] *n.* 夜盗

robber ['rɒbə(r)] *n.* 强盗

blind [blaɪnd] *adj.* 盲的

threat [θret] *n.* 威胁

复数 threats [θrets]

grammar ['ɡræmə(r)] *n.* 语法

step [step] *n.* 步骤，台阶

复数 steps [steps]

award [ə'wɔːd] *n.* 奖励

复数 awards [ə'wɔːdz]

internet [ɪn'tənet] *n.* 互联网

gesture ['dʒestʃə(r)] *n.* 手势

image ['ɪmɪdʒ] *n.* 形象

making ['meɪkɪŋ] *n.* 制造

Tips: 这个是名词，千万不要把词性记错。

advertising ['ædvətaɪzɪŋ] *n.* 广告

机经词汇 advertise ['ædvətaɪz] *v.* 做广告
advertisement [əd'vɜːtɪsmənt] *n.* 广告
advertisements [əd'vɜːtɪsmənts]

Tips: 英语读作[əd'və:tɪsmənt]，美语读作[ədvə:'taɪsmənt]。雅思中有时也出现advertising。

precious ['preʃəs] *adj.* 珍贵的

机经词汇 precious stone 宝石

duty ['dju:tɪ] *n.* 责任

复数 duties ['dju:tɪz]

abuse [ə'bju:z] *v.* 虐待

机经词汇 family abuse 家庭暴力

domestic violence 家庭暴力

dependent [dɪ'pendənt] *adj.* 依赖的

机经词汇 depend [dɪ'pend] *v.* 依靠

ray [reɪ] *n.* 光线

acid ['æsɪd] *n.* 酸

Tips: "antibiotics and acid" 这个词组中每个单词都要会写。

washing ['wɒʃɪŋ] *n.* 洗

机经词汇 washable ['wɒʃəbl] *adj.* 可洗的
washable shoes 可洗的鞋

robot ['rəubɒt] *n.* 机器人

复数 robots ['rəubɒts]

机经词汇 machines and robots 机器和机器人

elements ['elɪmənts] *n.* 因素

Tips: element的意思是"要素"，复数加s。elements这个词本身有"s"，表示"原理"的意思。雅思中考过"cooperating research elements（合作研究原理）"。

clever ['klevə(r)] *adj.* 聪明的

smart [smɑːt] *adj.* 聪明的

souvenir [ˌsuːvə'nɪə(r)] *n.* 纪念品

复数 souvenirs [ˌsuːvə'nɪə(r)z]

helpline ['helplaɪn] *n.* 帮助热线

机经词汇 hotline ['hɒtlaɪn] *n.* 热线

width [wɪdθ] *n.* 宽度

Tips: 注意发音。

favorite ['feɪvərɪt] *adj.* 最喜爱的

机经词汇 great favorites 最喜爱的

online ['ɒnlaɪn] *n.* 在线

机经词汇 online shopping 网上购物

flag [flæg] *n.* 旗

Tips: 雅思听力真题中出现过“Red Flag”，这是一个保险公司（insurance company）的名字。

instrument ['ɪnstrʊmənt] *n.* 仪器，乐器

复数 instruments ['ɪnstrʊmənts]

guitar [gɪ'tɑː(r)] *n.* 吉他

piano ['pjɑːnəʊ] *n.* 钢琴

design [dɪ'zaɪn] *n.* 设计

机经词汇 designer [dɪ'zaɪnə] *n.* 设计师

beat [biːt] *v.* 跳动

复数 beats [biːts]

机经词汇 heart beats 心跳

pair [peə(r)] *n.* 副

机经词汇 a pair of glasses 一副眼镜

telescope ['telɪskəʊp] *n.* 望远镜

机经词汇 microscope ['maɪkrəskəʊp] *n.* 显微镜

delivery [dɪ'lɪvərɪ] *n.* 发送，送货

机经词汇 deliver [dɪ'lɪvə(r)] *v.* 送货

sharp [ʃɑ:p] *adj.* 锋利的，紧急的

机经词汇 a sharp turn 急转弯

pleasure ['pleʒə(r)] *n.* 乐趣

delight [dɪ'laɪt] *n.* 高兴

institute ['ɪnstɪtju:t] *n.* 机构

复数 institutes ['ɪnstɪtju:ts]

visible ['vɪzəbl] *adj.* 可见的

机经词汇 in visible view 在视野范围内

silence ['saɪləns] *n.* 安静

机经词汇 silent ['saɪlənt] *adj.* 安静的

dispute [dɪ'spju:t] *n.* 争端

复数 disputes [dɪ'spju:ts]

controversy ['kɒntrəvɜ:sɪ] *n.* 争议

debate [dɪ'beɪt] *n.* 辩论

shuttle ['ʃʌtl] *n.* 穿梭

机经词汇 (space) shuttle 太空飞船

air shuttle bus 机场巴士

rat [ræt] *n.* 老鼠

复数 rats [ræts]

golf [gɒlf] *n.* 高尔夫

机经词汇 gulf [gʌlf] n. 海湾，鸿沟

Golf Club 高尔夫俱乐部

risk [rɪsk] *n.* 冒险

复数 risks [rɪsks]

机经词汇 take risks 冒风险

run risks 冒风险

adventure [əd'ventʃə(r)] *n.* 冒险

surprise [sə'praɪz] *n.* 惊奇

机经词汇 surprised [sə'praɪzd] *adj.* 惊奇的

maid [meɪd] *n.* 女仆

机经词汇 servant ['sɜːvənt] *n.* 佣人，仆人

机经词汇 maid servant 女佣人

pal [pæl] *n.* 伙伴

机经词汇 pal group relationship 伙伴关系

actor ['æktə(r)] *n.* 男演员

复数 actors ['æktə(r)z]

flow [fləʊ] *n.* 流量

measurement ['meʒə(r)mənt] *n.* 测量

机经词汇 units of measurement 测量单位

time measurement 对时间测量

stability [stə'bɪlətɪ] *n.* 稳定

机经词汇 stable ['steɪbl] *adj.* 稳定的

enormous [ɪ'nɔːməs] *adj.* 广泛的，大的

broad [brɔːd] *adj.* 广泛的

timber ['tɪmbə(r)] *n.* 木材

机经词汇 grain pattern of timber 细腻的木纹图案

draw [drɔː] *n.* 绘图

复数 draws [drɔːz]

concession [kən'seʃn] *n.* 让步

复数 concessions [kən'seʃnz]

existence [ɪg'zɪstəns] *n.* 存在

机经词汇 exist [ɪg'zɪst] *v.* 存在
existent [ɪg'zɪstənt] *adj.* 存在的
existing [ɪg'zɪstɪŋ] *n.* 存在

baldness ['bɔːldnɪs] *n.* 秃头

机经词汇 bald [bɔːld] *adj.* 光秃的

gold [gəʊld] *n.* 金子

机经词汇 gold medal 金牌

Tips: 口语中也可以直接说“gold”，复数为golds，雅思中考过一个地址：Gold Street。

divorce [dɪ'vɔːs] *n.* 离婚

机经词汇 divorce rate 离婚率

breath-taking 令人屏住呼吸的

majority [mə'dʒɒrətɪ] *n.* 多数

机经词汇 major ['meɪdʒə(r)] *adj.* 主要的

exchange [ɪks'tʃeɪndʒ] *n.* 交换

机经词汇 exchange drafts 交换草稿

net [net] *n.* 网

复数 nets [nets]

机经词汇 mosquito nets 蚊帐

slang [slæŋ] *n.* 俚语

switch [swɪtʃ] *n.* 开关

复数 switches ['swɪtʃɪz]

overall [ˌəʊvər'ɔːl] *adj.* 整个的

whole [həʊl] *adj.* 整个的

pattern ['pætn] *n.* 模式，花纹

机经词汇 thinking pattern 思维模式
grain pattern 图案
migration pattern 迁徙路线

ground [graʊnd] *n.* 场地

机经词汇 playground ['pleɪgraʊnd] *n.* 操场

fair [feə(r)] *adj.* 公平的

机经词汇 unfair [ˌʌn'feə(r)] *adj.* 不公平的

memorise ['meməraɪz] *v.* 记住

Tips: 也可以写成memorize。

corpse [kɔːps] *n.* 尸体

Tips: 这个单词出现在考古场景中，提到“部落（tribe）”和“女尸的研究（female corpse study）”。

keeper ['ki:pə(r)] *n.* 养育者

复数 keepers ['ki:pə(r)z]

ending ['endɪŋ] *n.* 结果

texture ['tekstʃə(r)] *n.* 质地

机经词汇 fine texture 质地细腻
coarse texture 质地粗糙

super ['su:pə] *adj.* 超级的

机经词汇 supermarket ['su:pəmɑ:kɪt] *n.* 超市

rock [rɒk] *n.* 岩石

机经词汇 touching rocks 接触岩石
rock salt 岩盐

branch [brɑ:ntʃ] *n.* 分支，分部

复数 branches ['brɑ:ntʃɪz]

informative [ɪn'fɔ:mətɪv] *adj.* 通知的，有信息的

机经词汇 information [,ɪnfə'meɪʃn] *n.* 信息

agreement [ə'gri:mənt] *n.* 同意

机经词汇 disagreement [,dɪsə'gri:mənt] *n.* 不同意

high quality camera 高质量相机

domestic [də'mestɪk] *adj.* 内部的

机经词汇 domestic factors 内部因素

religion [rɪ'lɪdʒən] *n.* 宗教

empty ['emptɪ] *adj.* 空的

机经词汇 emptiness ['emptɪnɪs] *n.* 空虚

package ['pækɪdʒ] *n.* 包装

复数 packages ['pækɪdʒɪz]

distant ['dɪstənt] *adj.* 远的

remote [rɪ'məʊt] *adj.* 远的

fair [feə(r)] *adj.* 美丽的，公平的

story ['stɔːrɪ] *n.* 故事

复数 stories ['stɔːrɪz]

evidence ['evɪdəns] *n.* 证据

positive ['pɒzətɪv] *adj.* 积极的

negative ['negətɪv] *adj.* 消极的 *n.* 负片（照片的一种）

exciting [ɪk'saɪtɪŋ] *adj.* 令人兴奋的

机经词汇 excitement [ɪk'saɪtmənt] *n.* 兴奋

excited [ɪk'saɪtɪd] *adj.* 兴奋的

conqueror ['kɒŋkərə(r)] *n.* 征服者

复数 conquerors ['kɒŋkərə(r)z]

distribution [ˌdɪstrɪ'bjuːʃn] *n.* 分布

机经词汇 distribution of population 人口分布

confirmation [ˌkɒnfə'meɪʃn] *n.* 证实，确认

机经词汇 give confirmation 发出确认信

virtually ['vɜːtʃʊəlɪ] *adv.* 几乎

almost ['ɔːlməʊst] *adv.* 几乎，差不多

worthwhile [wɜːθ'waɪl] *adj.* 值得的

机经词汇 worthy ['wɜːðɪ] *adj.* 值得做某事

main [meɪn] *adj.* 主要的

机经词汇 main entrance 主入口

Main Hall 主厅

main kitchen 主厨房

main library 主要图书馆

grass [grɑːs] *n.* 草

cliff [klɪf] *n.* 悬崖

复数 cliffs [klɪfs]

physically ['fɪzɪklɪ] *adv.* 身体地

机经词汇 physical ['fɪzɪkl] *adj.* 身体的

irrigation [ˌɪrɪ'geɪʃn] *n.* 灌溉

机经词汇 irrigate ['ɪrɪgeɪt] *v.* 灌溉

irritation [ˌɪrɪ'teɪʃn] *n.* 愤怒

Tips: 以上这两个词不要混。

scarce [skeəs] *adj.* 不足的

机经词汇 scarcely ['skeəslɪ] *adv.* 不足地

removal [rɪ'muːvl] *n.* 去掉

Tips: 雅思考试中提到把鳄鱼（crocodiles）迁徙 （remove）到其他地方去。

low-risk 低风险

机经词汇 high-risk 高风险

cannibal ['kænɪbl] *n.* 食人者

herbivorous [hɜː'bɪvərəs] *adj.* 食草的

scent [sent] *n.* 气味

机经词汇 strong scent 很重的味道

scheme [skiːm] *n.* 方案

overhead view 俯视

机经词汇 city overhead view 城市俯视图

visitor ['vɪzɪtə(r)] *n.* 访问者

复数 visitors ['vɪzɪtə(r)z]

tile [taɪl] *n.* 瓦

复数 tiles [taɪlz]

机经词汇 quarry tiles 瓦片的一种

likelihood ['laɪklɪhʊd] *n.* 可能性

possibility [ˌpɒsə'bɪlətɪ] *n.* 可能性

danger ['deɪndʒə(r)] *n.* 危险

机经词汇 dangerous ['deɪndʒərəs] *adj.* 危险的

hazardous ['hæzədəs] *adj.* 危险的

pure [pjʊə(r)] *adj.* 纯洁的

机经词汇 purest ['pjʊərɪst] *adj.* 纯洁的（最高级）

repeat [rɪ'piːt] *n.* & *v.* 重复

机经词汇 repetition [ˌrepɪ'tɪʃn] *n.* 重复

correspondence [ˌkɒrɪ'spɒndəns] *n.* 写信

letter ['letə(r)] *n.* 信件

unanimous [juː'nænɪməs] *adj.* 意见一致的

depth [depθ] *n.* 深度

Tips: 这个单词要注意发音。

approval [ə'pru:vl] *n.* 同意

enthusiasm [ɪn'θju:zɪæzəm] *n.* 热情

机经词汇 enthusiastic [ɪn,θju:zɪ'æstɪk] *adj.* 热情的

Tips: 这个词跟"motivation（动力）"表达的意思接近。

housekeeping ['haʊski:pɪŋ] *n.* 家务管理

机经词汇 housework ['haʊswɜ:k] *n.* 家务

emotion [ɪ'məʊʃn] *n.* 感情

机经词汇 emotion and mood 感情和情绪

performer [pə'fɔ:mə] *n.* 表演者

复数 performers [pə'fɔ:məz]

miserable ['mɪzrəbl] *adj.* 痛苦的

craft [krɑ:ft] *n.* 手艺

机经词汇 craft goods 手工艺制品

hero ['hɪərəʊ] *n.* 英雄

复数 heroes ['hɪərəʊz]

politics ['pɒlətɪks] *n.* 政治

机经词汇 political [pə'lɪtɪkl] *adj.* 政治的

author ['ɔ:θə(r)] *n.* 作者

机经词汇 woman author 女作家

serious ['sɪərɪəs] *adj.* 严肃的

机经词汇 a serious person 一个严肃的人

prone [prəʊn] *n.* 容易，倾向于

机经词汇 be prone to 易于

essential [ɪ'senʃl] *adj.* 基本的

fundamental [ˌfʌndə'mentl] *adj.* 基本的

steel [stiːl] *n.* 钢材

易混 steal [stiːl] *v.* 偷，窃取

机经词汇 steel and wood 钢材和木头

traditional [trə'dɪʃnəl] *adj.* 传统的

ordinary ['ɔːdənrɪ] *n.* 普通的

机经词汇 ordinary farmers 普通农民

preposition [ˌprepə'zɪʃn] *n.* 介词

wing [wɪŋ] *n.* 翅膀，翼

机经词汇 wing design 机翼设计

Tips: 讲莱特发明飞机的事。

watchdog [wɒtʃ'dɒg] *n.* 警察局的名称

second-hand *adj.* 二手的

cheerful ['tʃɪəfl] *adj.* 高兴的

机经词汇 cheers [tʃɪə(r)s] *v.* 干杯

reform [rɪ'fɔːm] *n.* 改革

机经词汇 agrarian reform 土地改革

contract ['kɒntrækt] *n.* 合同，印花税

复数 contracts ['kɒntrækts]

barren ['bærən] *adj.* 贫瘠的

Tips: 雅思有个场景涉及废弃矿（barren mine）。

event [ɪ'vent] *n.* 事件

复数 events [ɪ'vents]

intervention [ˌɪntə'venʃn] *n.* 干涉

metal ['metl] *n.* 金属

kiosk ['kiːɒsk] *n.* 小卖部

seven-screen *adj.* 7个屏幕的

handball ['hændbɔːl] *n.* 手球

independence [ˌɪndɪ'pendəns] *n.* 独立

机经词汇 Independence Day 美国独立纪念日

age [eɪdʒ] *n.* 年纪

immune [ɪ'mjuːn] *adj.* 免疫的

机经词汇 immune system 免疫系统

warehouse ['weəhaʊs] *n.* 仓库，仓储超市

self-defence *n.* 自卫

carving ['kɑːvɪŋ] *n.* 雕刻

机经词汇 carving wood 木头雕刻

privacy ['prɪvəsɪ] *n.* 隐私

apostrophe [ə'pɒstrəfɪ] *n.* 右上角省略号

Tips: 雅思考过填一个“coffee shop”的地点，录音中会将店名拼读出来，其中“ ”就是“apostrophe”，所以要熟悉这个单词的发音。

poll [pəʊl] *n.* （民意）调查

elbow ['elbəʊ] *n.* 肘

hunting ['hʌntɪŋ] *n.* 打猎

self-discipline [ˌself ˈdɪsɪplɪn] *n.* 自我约束

tune [tjuːn] *n.* 曲调

expansion [ɪkˈspænʃn] *v.* 扩充

sailing [ˈseɪlɪŋ] *n.* 航行

rows [rəʊs] *n.* 横排

机经词汇 40 seats in rows 每排四十人

maintain [meɪnˈteɪn] *v.* 维修

Tips: 注意拼写。

机经词汇 maintenance [ˈmeɪntənəns] *n.* 维护

former [ˈfɔːmə(r)] *adj.* 以前的

previous [ˈpriːvɪəz] *adj.* 以前的

surrounding [səˈraʊndɪŋ] *n.* 周围

toy [tɔɪ] *n.* 玩具

复数 toys [tɔɪz]

机经词汇 soft toys 软软的玩具
stuffed toys 毛绒玩具

expectancy [ɪkˈspektənsɪ] *n.* 期待

机经词汇 life expectancy 寿命

fabric [ˈfæbrɪk] *n.* 纺织品

section [ˈsekʃn] *n.* 部分

复数 sections [ˈsekʃnz]

star [stɑː(r)] *n.* 恒星

复数 stars [stɑː(r)z]

artistic [ɑːˈtɪstɪk] *adj.* 艺术的

机经词汇 artistic approach 艺术的方法

self-funded *adj.* 自给自足的

Tips: 莱特兄弟发明飞机的那个场景中提到，美国发明飞机的费用是自己提供的。

self-sufficient [ˌself səˈfɪʃənt] *adj.* 自给自足的

addition [əˈdɪʃn] *n.* 额外

机经词汇 additional [əˈdɪʃənl] *adj.* 额外的

sacked [sækd] *adj.* 被解雇的

机经词汇 give sb. a sack=kick sb. out of work 解雇

preference [ˈprefrəns] *n.* 偏爱

flash [flæʃ] *n.* 闪

机经词汇 flashlight [ˈflæʃlaɪt] *n.* 手电筒，闪光灯

Tips: 不要将flash和light分开。

exception [ɪkˈsepʃn] *n.* 例外

reinforced [ˌriːɪnˈfɔːsd] *adj.* 加强的

机经词汇 reinforced by wood and steel 由木头和钢材加固

highly-trained *adj.* 高度训练的

机经词汇 highly-trained staff 高度受训的员工

vary [ˈveərɪ] *v.* 变化

机经词汇 vary according to the type, shape 因为类别、形状而有差异

Tips: 要注意如果是第三人称单数作主语要用varies，注意与very发音的差别。

pure [pjʊə(r)] *adj.* 纯洁的

机经词汇 purest ['pjʊərɪst] *adj.* 纯净的（形容词最高级）

harbour ['hɑːbə(r)] *n.* 港口

port [pɔːt] *n.* 港口

skin [skɪn] *n.* 皮肤

heroine ['herəʊɪn] *n.* 女主人公

exposure [ɪk'spəʊʒə(r)] *n.* 曝光

机经词汇 number of exposure 拍照的数量

inability [ˌɪnə'bɪlətɪ] *n.* 没能力

pianist ['pɪənɪst] *n.* 钢琴家

Tips: 重音在前面。

housing ['haʊzɪŋ] *n.* 住房

机经词汇 household ['haʊshəʊld] *n.* 家庭
households ['haʊshəʊldz]

naught [nɔːt] *n.* 零

Tips: 雅思考试中，这个读法很常见。O, zero, nil, null等都可以表示“零”。

stair [steə(r)] *n.* 楼梯

复数 stairs [steə(r)z]

易混 stare [steə(r)] *v.* 盯视

complaint [kəm'pleɪnt] *n.* 抱怨

noise [nɔɪz] *n.* 噪声

机经词汇 low frequency noise 低频噪声

potential [pə'tenʃl] *adj.* 潜在的

value ['vælju:] *n.* 价值

机经词汇 geographical value 地理的价值

mixture ['mɪkstʃə(r)] *n.* 混合物

irritable ['ɪrɪtəbl] *adj.* 易怒的

机经词汇 irritation [ˌɪrɪ'teɪʃn] *n.* 愤怒

arrival [ə'raɪvl] *n.* 到达

satisfaction [ˌsætɪs'fækʃn] *n.* 满意

status ['steɪtəs] *n.* 地位

机经词汇 social status 社会地位

stage [steɪdʒ] *n.* 舞台，阶段

复数 stages ['steɪdʒɪz]

permit ['pə:mɪt] *n.* 许可证

机经词汇 permit required 查许可证

discovery [dɪ'skʌvərɪ] *n.* 发现

parcel ['pɑ:sl] *n.* 包裹

Tips: 好多考生说听到这个词的时候就根本没反应，耽误了后面的题目。此外，一定要注意拼写，不要丢字母c或写成s。

sufficient [sə'fɪʃnt] *adj.* 充分的

subjective [səb'dʒektɪv] *adj.* 主观的

objective [əb'dʒektɪv] *adj.* 客观的

page [peɪdʒ] *n.* 页码

复数 pages ['peɪdʒɪz]

usual ['ju:ʒl] *adj.* 普通的

latest ['leɪtɪst] *adj.* 最新的

development [dɪ'veləpmənt] *n.* 发展

rehearsal [rɪ'hɜ:sl] *n.* 演习，彩排

机经词汇 dress rehearsal 彩排

weapon ['wepən] *n.* 武器

trade [treɪd] *n.* 贸易

innovation [ˌɪnə'veɪʃn] *n.* 革新

Tips: 可以用creativity来代替。

lava ['lɑ:və] *n.* 火山岩

theft [θeft] *n.* 盗窃

knowledge ['nɒlɪdʒ] *n.* 知识

curly ['kɜ:lɪ] *adj.* 卷发的

cotton ['kɒtn] *n.* 棉花

mill [mɪl] *v.* 碾磨，磨细

机经词汇 mill the grain on the ground 在地上把谷物磨细

magic ['mædʒɪk] *adj.* 魔术的

机经词汇 magical ['mædʒɪkl] *adj.* 难以想象的，不可思议的

magical animals 神奇的动物

systematic [ˌsɪstə'mætɪk] *adj.* 系统的

机经词汇 work systematically 系统地工作

shell [ʃel] *n.* 贝壳

unique [juːˈniːk] *adj.* 独特的

polish [ˈpɒlɪʃ] *v.* 抛光，擦亮

机经词汇 cut and polished 经过切割和抛光的

polish cars 汽车抛光

knife [naɪf] *n.* 刀

复数 knives [naɪvz]

critical [ˈkrɪtɪkl] *adj.* 批评的

机经词汇 crucial [ˈkruːʃl] *adj.* 至关重要的，决定性的

consumption [kənˈsʌmpʃn] *n.* 消费

机经词汇 human consumption 人类消费

crisis [ˈkraɪsɪs] *n.* 危机

belt [belt] *n.* 带子

机经词汇 belts [belts]

机经词汇 seat belt 安全带

steady [ˈstedɪ] *adj.* 稳定的

机经词汇 remain steady 保持稳定

deteriorate [dɪˈtɪərɪəreɪt] *v.* 恶化

surface [ˈsɜːfɪs] *n.* 表面

seasoned [ˈsiːznd] *adj.* 风干的

机经词汇 wood should be cut and seasoned

木头要被砍下来，然后风干

cupboard [ˈkʌbəd] 橱柜

inland [ˈɪnlənd] *n.* 内陆

机经词汇 inland region 内陆地区

free [friː] *adj.* 自由的

机经词汇 freedom ['friːdəm] *n.* 自由

response [rɪ'spɒns] *n.* 回答

answer ['ɑːnsə(r)] *n.* 回答

jewelry ['dʒuːəlrɪ] *n.* 珠宝

journalist ['dʒɜːnəlɪst] *n.* 记者

repair [rɪ'peə(r)] *v.* 修理

cage [keɪdʒ] *n.* 笼子

复数 cages ['keɪdʒɪz]

candle ['kændl] *n.* 蜡烛

复数 candles ['kændlz]

wax [wæks] *n.* 蜡

Tips: 雅思考试中考过"Wax can be made into candles and to polish cars."

sensible ['sensəbl] *adj.* 明智的

机经词汇 sensible exercise 适当运动

depression [dɪ'preʃn] *n.* 沮丧

layer ['leɪə(r)] *n.* 阶层

ambiguous [æm'bɪgjʊəs] *adj.* 有歧义的

excuse ['ekskjuːz] *n.* 借口

lessen ['lesn] *v.* 减轻

layout ['leɪaʊt] *n.* 平面图

reflectance [rɪ'flektəns] *n.* 反射系数

reserve [rɪ'zɜːv] *n.* 保留

book in advance 预订

genetic [dʒɪ'netɪk] *adj.* 遗传的

import ['ɪmpɔːt] *n.* 进口

机经词汇 imports ['ɪmpɔːts]

tribute ['trɪbjuːt] *n.* 贡品

机经词汇 tributes ['trɪbjuːts]

bridge [brɪdʒ] *n.* 桥

chat [tʃæt] *n.* 聊天

机经词汇 TV chat show 电视访谈

strike [straɪk] *n.* 罢工

basis ['beɪsɪs] *n.* 基础

复数 bases ['beɪsɪz] *n.* 底部，基地

amazing [ə'meɪzɪŋ] *adj.* 令人惊讶的

reliable [rɪ'laɪəbl] *adj.* 可依赖的

shelf [ʃelf] *n.* 架子

复数 shelves [ʃelvz]

机经词汇 top shelf 最高的架子

frequency ['friːkwənsɪ] *n.* 频率

机经词汇 frequent ['friːkwənt] *adj.* 频繁的

enhance [ɪn'hɑːns] *v.* 提高

improve [ɪm'pruːv] *v.* 提高

petrol ['petrəl] *n.* 汽油

机经词汇 petroleum [pə'trəʊlɪəm] *n.* 石油

gasoline ['gæsəli:n] *n.* 石油（美）

adequate ['ædɪkwət] *adj.* 充足的

soundproof ['saʊndpru:f] *adj.* 隔音的

loss [lɒs] *n.* 损失

机经词汇 pay for loss 补偿损失

stuff [stʌf] *n.* 原料，东西

Tips: 注意与staff的差别。

resistance [rɪ'zɪstəns] *n.* 抵抗

机经词汇 resistance from parents 来自家长的反对

Tips: 化学灭虫法的坏处之一就是会使小虫子变得有抗药性(resistant)。

authority [ɔ:'θɒrətɪ] *n.* 权威

opportunity [,ɒpə'tju:nətɪ] *n.* 机会

复数 opportunities [,ɒpə'tju:nətɪs]

mathematics [,mæθə'mætɪks] *n.* 数学

predictable [prɪ'dɪktəbl] *adj.* 可预言的

band [bænd] *n.* 乐队

复数 bands [bændz]

机经词汇 banned [bænd] *v.* 禁止

replacement [rɪ'pleɪsmənt] *n.* 替代

机经词汇 replacement of jobs 换工作

replacement policy 替代政策

container [kən'teɪnə(r)] *n.* 容器

机经词汇 contain [kən'teɪn] *v.* 包含

margin ['mɑːdʒɪn] *n.* 页边的空白

wedding ['wedɪŋ] *n.* 婚礼

机经词汇 wedding photos 婚礼照片

satellite ['sætəlaɪt] *n.* 卫星

机经词汇 satellite TV station 卫星电视台

assistance [ə'sɪstəns] *n.* 援助

reverse [rɪ'vɜːs] *adj.* 相反的

awful ['ɔːfl] *adj.* 可怕的

机经词汇 awfully [ɔːfli] *adj.* 十分，非常

Tips: awfully可不是"可怕地"。此类词汇还有terribly等，例如：I am terribly sory about that...（我非常抱歉……）。

appeal [ə'piːl] *n.* 呼吁

agriculture ['ægrɪkʌltʃə(r)] *n.* 农业

oil [ɔɪl] *n.* 油

机经词汇 oil explosion 石油爆炸

food and oil 食物和油

anger ['æŋgə(r)] *n.* 愤怒

pop [pɒp] *adj.* 流行的

机经词汇 pop test 抽考

delay [dɪ'leɪ] *n.* 耽搁

Olympic [ə'lɪmpɪk] *adj.* 奥林匹克运动会的

have strong hearts and lungs 心肺功能良好

perfect ['pɜːfɪkt] *adj.* 完美的

suitable ['suːtəbl] *adj.* 合适的

dial ['daɪəl] *v.* 拨号

sting [stɪŋ] *n.* 刺

scandal ['skændl] *n.* 丑闻

复数 scandals ['skændlz]

sponsor ['spɒnsə(r)] *n.* 赞助者

alternative [ɔːl'tɜːnətɪv] *adj.* 可选择的

机经词汇 alternative energies 可替代能源

Tips: 雅思真题曾经考过"alternative energies like water power and wind"、"solar power"和"terrestrial heat"。

uncomfortable [ʌn'kʌmftəbl] *adj.* 不舒服的

relevant ['reləvənt] *adj.* 相关的

beautiful ['bjuːtɪfl] *adj.* 美丽的

chocolate ['tʃɒklət] *n.* 巧克力

percent [pə'sent] *n.* 百分比

nurse [nɜːs] *n.* 护士

机经词汇 nursery (school) 托儿所

companion [kəm'pænɪən] *n.* 同伴

机经词汇 company ['kʌmpənɪ] *n.* 陪伴

usage ['juːsɪdʒ] *n.* 使用

strength [streŋθ] *n.* 力量

relief [rɪ'liːf] *n.* 减轻（痛苦）

机经词汇 relieve [rɪ'liːv] *v.* 减轻

hunt [hʌnt] *n.* 打猎

机经词汇 hunt for 寻找

emperor ['empərə(r)] *n.* 皇帝

king [kɪŋ] *n.* 国王

sign [saɪn] *n.* 标记

mile [maɪl] *n.* 英里

复数 miles [maɪlz]

accuracy ['ækjərəsɪ] *n.* 准确度

机经词汇 accurate ['ækjərət] *adj.* 正确无误的
inaccurate [ɪn'ækjərət] *adj.* 不准确的

precision [prɪ'sɪʒn] *n.* 精密度

appointment [ə'pɔɪntmənt] *n.* 预约

pleasant ['pleznt] *adj.* 愉快的

steering ['stɪə(r)ɪŋ] *n.* 操纵

机经词汇 good steering 方便操纵

website ['websaɪt] *n.* 网址

influence ['ɪnfluəns] *n.* 影响

instruct [ɪn'strʌkʃn] *v.* 提示

机经词汇 instruction [ɪn'strʌkʃn] *n.* 指示

kilogram ['kɪləgræm] *n.* 公斤

复数 kilograms ['kɪləgræmz]

disposal [dɪ'spəʊzl] *n.* 处理

机经词汇 waste disposal 废物处理

illegal [ɪ'liːgl] *adj.* 非法的

mine [maɪn] *n.* 矿

television ['telɪvɪʒn] *n.* 电视

机经词汇 television drama 电视戏剧

magnificent [mæg'nɪfɪsnt] *adj.* 华丽的

season ['siːzn] *n.* 季节 *v.* 风干

Tips: 真题中考过seasoned（风干的）。

measure ['meʒə(r)] *n.* 测量

Drama Festival 戏剧节

beard [bɪəd] *n.* 胡子

moustache [mə'stɑːʃ] *n.* 上唇上的小胡子

decline [dɪ'klaɪn] *n.* 下降

shoplifter ['ʃɒplɪftə] *n.* 顺手牵羊的人

复数 shoplifters ['ʃɒplɪftəz]

beauty ['bjuːtɪ] *n.* 美女

rider ['raɪdə] *n.* 骑手

复数 riders ['raɪdəz]

mood [muːd] *n.* 情绪

机经词汇 emotion and mood 感情和情绪

westerner ['westənə] *n.* 西方人

floor [flɔː(r)] *n.* 地板

复数 floors [flɔː(r)z]

initial [ɪ'nɪʃl] *adj.* 最初的 *n.* 首字母

机经词汇 initial migration 最初的迁徙，移民

scale [skeɪl] *n.* 天平

机经词汇 on small scale 小范围的

sculpture ['skʌlptʃə(r)] *n.* 雕刻

carve/engrave sth. 雕刻东西

serial ['sɪərɪəl] *adj.* 连续的

机经词汇 a series of 一系列的

TV series 电视连续剧

network ['netwɜːk] *n.* 网络

badge [bædʒ] *n.* 徽章

机经词汇 name badge 写有名字的胸牌

channel ['tʃænl] *n.* 海峡

Tips: 当首字母大写的时候，这个单词通常都是指频道，或者英吉利海峡。

raw [rɔː] *adj.* 生的

机经词汇 raw material 原材料

river ['rɪvə(r)] *n.* 河

复数 rivers ['rɪvə(r)z]

self-defense *n.* 自卫

stressful ['stresfl] *n.* 压力的

legal ['liːgl] *adj.* 合法的

reinvest [riːɪnˈvest] *v.* 重新投资

little-known *adj.* 无名的

seating capacity 容纳观众人数

cross passage 通道

running tunnel 行车隧道

filter [ˈfɪltə(r)] *v.* & *n.* 过滤

rank [ræŋk] *n.* 等级

机经词汇 high rank 高级

have high rank in geography 地理级别高

non-active *adj.* 不活跃的

concentration [ˌkɒnsnˈtreɪʃn] *n.* 集中

microchip [ˈmaɪkrəʊtʃɪp] *n.* 芯片

automobile [ˈɔːtəməbiːl] *n.* 汽车

exposition [ˌekspəˈzɪʃn] *n.* 博览会

机经词汇 World Expo=Exposition 世界博览会

monitor [ˈmɒnɪtə(r)] *v.* 监视 *n.* 监视器

brick [brɪk] *n.* 砖

flood [flʌd] *n.* 洪水

suntan block 防晒

altitude [ˈæltɪtjuːd] *n.* 高度

drum [drʌm] *n.* 鼓

复数 drums [drʌmz]

concert ['kɒnsət] *n.* 音乐会

stretching ['stretʃɪŋ] *adj.* 伸展的

mat [mæt] *n.* 脚垫

petrol ['petrəl] *n.* 汽油

head office 总部

computer programmer 电脑程序员

traditional [trə'dɪʃ ənl] *adj.* 传统的

attitude ['ætɪtjuːd] *n.* 态度

复数 attitudes ['ætɪtjuːdz]

strict control 严格控制

sector ['sektə(r)] *n.* 部分

digital system 数码系统

preservation [ˌprezə'veɪʃn] *n.* 保存

fan [fæn] *n.* 迷，粉丝，扇子

radar ['reɪdɑː(r)] *n.* 雷达

storage space 存储空间

calculating ['kælkjʊleɪtɪŋ] *adj.* 算计的

simulation [ˌsɪmjʊ'leɪʃn] *n.* 模拟

litre ['liːtə(r)] 公升

collection tank 储存罐

decade ['dekeɪd] *n.* 十年

复数 decades ['dekeɪdz]

accountable [ə'kaʊntəbl] *adj.* 可数的

private property 私人财产

philosopher [fɪ'lɒsəfə(r)] *n.* 哲学家

复数 philosophers [fɪ'lɔsəfə(r)z]

corrupt [kə'rʌpt] *adj.* 腐败的

morality [mə'ræləti] *n.* 道德

ethic ['eθɪk] *n.* 道德

机经词汇 business ethics 商业道德

uncomfortable [ʌn'kʌmftəbl] *adj.* 不舒服的

general election 大选，普选

manufacture [,mænjʊ'fæktʃə] *n.* 生产

evolution [,i:və'lu:ʃn] *n.* 进化

reproduce [,ri:prə'dju:s] *n.* 再生产

layout ['leɪ,aʊt] *n.* 平面图

double-grill *n.* 双格栅

heat indicator 热度指示

buried ['berɪd] *adj.* 埋藏的

power company 供电公司

battery ['bætərɪ] *n.* 电池

复数 batteries ['bætərɪs]

tide [taɪd] *n.* 潮水

复数 tides [taɪdz]

hearing ['hɪərɪŋ] *n.* 听觉

moderate ['mɒdərət] *adj.* 中度的

cost effective 性价比比较高

shade [ʃeɪd] *n.* 阴影

climate ['klaɪmɪt] *n.* 天气

flooding ['flʌdɪŋ] *n.* 洪水

807基础词汇

这部分要求同学们要熟练掌握雅思听力考试中的数字、国家、国籍及地理词汇。

基本技巧训练如下：

1. 电话号码

★ "0"的表示方法：zero，nought, null, nil, nothing等。在雅思考试中"0"常念作"nought"；在电话号码中 "0" 读作字母"oh",就像在单词"go"中的发音。

★ 读电话号码总的规则是：国家代号、地区代号和具体号码分开来读。比如中国北京的一个电话读作86,10,87654321。对于一个特定地区的电话，一般来说只有7位或8位。7位的号码，读的时候前三位一组连在一起，后四位一组连在一起，中间有一个停顿，比如6254598读作six two five，four five nine eight；8位的号码，可以四个一组来读。

★ 两个相同数字或三个相同的数字可以用double或triple来代替。比如2246555可以读作double two four，six triple five。

★ 末尾出现三个零，可以按"千"来发音。如9796000读作nine seven nine six thousand。

★ 数字加字母的组合时，注意两个o和w的区别。

2. 门牌号

一般以数量读出。例如，花园街197号读作：

garden road one hundred and ninety seven

3. 数量的分位计数

billion,million,thousand。

4. 分数

读分数的时候，分子用基数词，即"one, two, three, four…"，分母用序数词，即"first, second, third, fourth…"，分数线不读。分子大于1时，分母加s。

1/4读作one quarter/ one fourth

1/3读作one third

1/2读作one half

3/4读作three quarters/ three fourths

5. 小数

小数点读point。

零点几中的零可省略，直接读point。例如，

0.25读作point two five或nought point two five

6. 百分比

%读作percent，per cent

7. 日期

具体日期的写法：January 13th，2008或13th January，2008

标准读法：January the thirteenth或the thirteenth of January

8.上下午

上午写作am/ a.m./ AM/A.M.

下午写作pm/ p.m./ PM/P.M.

9. 年代

例如：90年代写作90's/ '90s/ 90s'。

10. 世纪

21世纪写作c21, 21th century

11. 计量单位

长度：meter, kilometer, mile(英里), foot(英尺), inch（英寸）

重量：gram(克), kilo, pound

容积：liter/litre(升), gallon（加仑）

12. 货币单位

美元：U.S. dollar

澳元：Australian dollar

加元：Canadian dollar

主币：dollar

辅币：cent

英镑：pound, peny(*pl.* penies, pence)

日元：Japanese yen

欧元：euro

13. 字母(人名、地名的听写)

注意区分下述各组读音：

★ 下述字母和单词容易混淆：

c—see　　f—ef

g—j　　h—eitf

n—短en音　　r—[ar]

s—(es)/z

★ 下述音标在朗读时容易混淆：

h—a　　t—g

s—f　　o—l

z—b　　r—i

m—n

请注意下述书写要求：

★ 第一个字母大写（capital），后面小写（small），以小写开头会有特殊交代，有时有两个大写。例如：McDonald是名词，表示麦克唐纳（男子名）。

★ 's表示所有格，但是有的人名中本身包含's。例如：奥尼尔，飘女主人公的姓等。

★ '读作apostrophe是名词，表示省略符号，呼语。例如：

rummy's读作r-u-m-m-y apostrophe s。

★ ninth表示第九；twelfth表示第十二；twentieth表示第二十；ninetieth表示第九十；(one)hundredth表示第一百。

★ 0.46%读作point four six per cent

14. 年份：

1840读作eighteen forty

1900读作nineteen hundred

1992读作nineteen ninety-two

数字

准备指南：练习快速拼写，注意序数词和基数词的差别。

基数词：one, two, three ...

序数词：first, second, third ...这种词要用在日期中，例如，March the third. 听到这个声音后，考生可以写出来March 3rd或3rd March，rd可以写在阿拉伯数字的右侧或右上角。

注意：1st, 2nd, 3rd, 21st, 22nd, 23rd, 31st 。除了这几个特别的，其余的日期用阿拉伯数字加th就可以了，例如11th, 12th, 13th。

number ['nʌmbə(r)] *n.* 数字

one [wʌn] 一	first [fɜ:st] 第一
two [tu:] 二	second ['sekənd] 第二
three [θri:] 三	third [θɜ:d] 第三
four [fɔ:(r)] 四	fourth [fɔ:θ] 第四
five [faɪv] 五	fifth [fɪfθ] 第五
six [sɪks] 六	sixth [sɪksθ] 第六
seven ['sevn] 七	seventh ['sevnθ] 第七

eight [eɪt] 八	eighth [eɪtθ] 第八
nine [naɪn] 九	ninth [naɪnθ] 第九
ten [ten] 十	tenth [tenθ] 第十
eleven [ɪ'levn] 十一	eleventh [ɪ'levnθ] 第十一
twelve [twelv] 十二	twelfth [twelfθ] 第十二
thirteen [,θɜː'tiːn] 十三	thirteenth [,θɜː'tiːnθ] 第十三
fourteen [,fɔː'tiːn] 十四	fourteenth [,fɔː'tiːnθ] 第十四
fifteen [,fɪf'tiːn] 十五	fifteenth [,fɪf'tiːnθ] 第十五
sixteen [,sɪk'stiːn] 十六	sixteenth [sɪk'stiːnθ] 第十六
seventeen [,sevn'tiːn] 十七	seventeenth [,sevn'tiːnθ] 第十七
eighteen [,eɪ'tiːn] 十八	eighteenth [,eɪ'tiːnθ] 第十八
nineteen [,naɪn'tiːn] 十九	nineteenth [,naɪn'tiːnθ] 第十九
twenty ['twentɪ] 二十	twentieth ['twentɪəθ] 第二十
thirty ['θɜːtɪ] 三十	thirtieth ['θɜːtɪəθ] 第三十
forty ['fɔːtɪ] 四十	fortieth ['fɔːtɪəθ] 第四十
fifty ['fɪftɪ] 五十	fiftieth ['fɪftɪəθ] 第五十
sixty ['sɪkstɪ] 六十	sixtieth ['sɪkstɪəθ] 第六十
seventy ['sevntɪ] 七十	seventieth ['sevntɪəθ] 第七十
eighty ['eɪtɪ] 八十	eightieth ['eɪtɪəθ] 第八十
ninety ['naɪntɪ] 九十	ninetieth ['naɪntɪəθ] 第九十
hundred ['hʌndrəd] 百	thousand ['θaʊznd] 千
million ['mɪljən] 百万	

zero ['zɪərəʊ] *n.* 零

Tips: 在雅思听力考试中，零有很多读法，不一定是"zero"，有时会是字母"O"的发音。此外还有nought (naught), null, nil, nothing等读法。

nought point eight 0.8

four nil 4:0

Tips: 其他数字读法："teen"& "ty"。听力中经常出现十几和几十的辨音。"teen"是长音，并且有明显的"n"鼻音，而"ty"是短音，且无任何鼻音。

数字	朗读
1/3	one third
7/8	seven eighths
1/4	one/a quarter
3/4	three quarters

Tips: 分子大于1，分母用复数

foot [fʊt] *n.* 脚，英尺

机经词汇 feet [fiːt] *n.* 脚步，英尺

Tips: 注意feet是foot的复数。

quarter ['kwɔːtə(r)] *n.* 四分之一

机经词汇 a quarter past ten 十点一刻

a quarter to four 差一刻四点

a quarter of a million 250 000

Tips: 这里说一下在时间的书写上有个技巧。好多同学都是比较熟悉"five thirty （5:30）"和"eleven fifteen（11:15）"这种读法，但是要知道雅思会更侧重于下面这个说法的考查：a quarter past ten, a quarter to four。这时大家不要把这些单词全都写下来，也不要去反应具体时间，这样都耽误时间，要写成1p10，1t4，这样省了不少时间，然后再改成正确的书写格式。另外"a quarter of a million"这种读法也要特别注意。

A plus A+

Tips: 常见的运算符号的读法:

+ plus　　— minus　　× times

÷ divided by　　= equals

时 间

time [taɪm] *n.* 时间

second ['sekənd] *n.* 秒

minute ['mɪnɪt] *n.* 分

hour ['aʊə(r)] *n.* 小时

day [deɪ] *n.* 日

week [wi:k] *n.* 星期

year [jɪə(r)] *n.* 年

month [mʌnθ] *n.* 月

月份（英）	月份（中）
January ['dʒænjʊərɪ]	一月
February ['febrʊərɪ]	二月
March [mɑ:tʃ]	三月
April ['eɪprəl]	四月
May [meɪ]	五月
June [dʒu:n]	六月
July [dʒu:'laɪ]	七月
August ['ɔ:gəst]	八月

September [sep'tembə(r)]	九月
October [ɒk'təʊbə(r)]	十月
November [nəʊ'vembə(r)]	十一月
December [dɪ'sembə(r)]	十二月

week [wi:k] *n.* 星期

星期（英）	星期（中）
Monday ['mʌndɪ]	星期一
Tuesday ['tju:zdɪ]	星期二
Wednesday ['wenzdɪ]	星期三
Thursday ['θɜ:zdɪ]	星期四
Friday ['fraɪdɪ]	星期五
Saturday ['sætədɪ]	星期六
Sunday ['sʌndɪ]	星期日

season ['si:zn] *n.* 季节

季节（英）	季节（中）
spring [sprɪŋ]	春天
summer ['sʌmə(r)]	夏天
autumn ['ɔ:təm]	秋天
winter ['wɪntə(r)]	冬天

weekday ['wi:kdeɪ] *n.* 平日（非星期六、星期日）

复数 weekdays ['wi:kdeɪz]

Tips: 在选择题中，经常出现from Monday to Friday, 那么考生要立刻反应出答案是weekdays。

weekend ['wi:kend] *n.* 周末

复数 weekends ['wi:kendz]

period ['pɪərɪəd] *n.* 阶段

机经词汇 a period of time 一段时间

starting ['stɑ:tɪŋ] *n.* 开始

机经词汇 starting point 开始点

current ['kʌrənt] *adj.* 目前的

机经词汇 currently ['kʌrəntlɪ] *adv.* 目前地

originally [ɒ'rɪdʒənlɪ] *adv.* 最初地

Tips: 雅思考试中还经常出现"present（现在的）"。这些词一旦出现，原文中极有可能有"过去……，现在……，将来……"的描述，考生们在做填空或者选择题时要注意。如果出现"originally"，要注意用过去时。

birth [bɜ:θ] *n.* 出生

机经词汇 date of birth 出生日期

future ['fju:tʃə(r)] *n.* 未来

present ['preznt] *n.* 礼物 *adj.* 目前的 *n.* 现在

Tips: 这个单词一定要注意，一旦这个词出现，就意味着考题中有可能说过去如何，现在如何，将来如何，要小心。

duration [djʊ'reɪʃn] *n.* 持续

机经词汇 expected duration 预计持续时间

fortnight ['fɔ:tnaɪt] *n.* 两周，十四天

Tips: 录音中你可能会听到中间的"t"不发音，实际考试的时候要听仔细。此外，这个词如果在选择题中考，肯定是以同义替换的形式

出现。fortnight = two weeks = half a month。

four nights 四个晚上

Tips: 要注意fortnight和four nights的差别。

国籍

nationality [ˌnæʃəˈnælətɪ] *n.* 国籍

Tips: 雅思听力考试中，如果出现这个词，要求填写相对应国家的人。

America [əˈmerɪkə] 美国	American [əˈmerɪkən] 美国人
Australia [ɒˈstreɪlɪə] 澳大利亚	Australian [ɒˈstreɪlɪən] 澳大利亚人，澳大利亚的
Britain [ˈbrɪtn] 英国	British [ˈbrɪtɪʃ] 英国的
Canada [ˈkænədə] 加拿大	Canadian [kəˈneɪdɪən] 加拿大人，加拿大的
China [ˈtʃaɪnə] 中国	Chinese [ˌtʃaɪˈnɪːz] 中国的，中国人
Egypt [ɪˈdʒɪpt] 埃及	Egyptian [ɪˈdʒɪpʃn] 埃及的，埃及人
England [ˈɪŋglənd] 英格兰	English [ˈɪŋglɪʃ] 英格兰的
France [frɑːns] 法国	French [frentʃ] 法语，法国人，法国人的，法国的
Germany [ˈdʒɜːmənɪ] 德国	German [ˈdʒɜːmən] 德国人，德国的，德国人的

Greece [gri:s] 希腊	Greek [gri:k] 希腊人，希腊的
India ['ɪndɪə] 印度	Indian ['ɪndɪən] 印度的，印第安人
Italy ['ɪtəlɪ] 意大利	Italian [ɪ'tælɪən] 意大利人，意大利的
Japan [dʒə'pæn] 日本	Japanese [,dʒæpə'nɪ:z] 日本人，日本的
Malaysia [mə'leɪzɪə] 马来西亚	Malaysian [mə'leɪzɪən] 马来西亚人
Russia ['rʌʃə] 俄罗斯	Russian ['rʌʃn] 俄罗斯人，俄罗斯的
Scotland ['skɔtlənd] 苏格兰	Scotsman [,skɒtsmən] 苏格兰人 Scottish ['skɒtɪʃ] 苏格兰的
Spain [speɪn] 西班牙	Spanish ['spænɪʃ] 西班牙人，西班牙的

music instrument 乐器

机经词汇 guitar [gɪ'tɑ:(r)] 吉他

piano [pɪ'ænəʊ] 钢琴

continent ['kɒntɪnənt] *n.* 洲

Asia ['eɪʃə]	亚洲
Asian ['eɪʃn]	亚洲人，亚洲的
Europe [,jʊərəp]	欧洲
European [,jʊərə'pɪən]	欧洲的
Africa ['æfrɪkə]	非洲

African ['æfrɪkən]	非洲的
America [ə'merɪkə]	美洲
American [ə'merɪkən]	美洲的，美国的
Oceania [ˌəʊʃɪ'eɪnɪə]	大洋洲
Oceanian [ˌəʊʃɪ'eɪnɪən]	大洋洲的
Southeast Asia	东南亚
North America	北美
South America	南美
South Africa	南非
North Africa	北非

city ['sɪtɪ] *n.* 城市

地名（英）	地名（中）
Sydney ['sɪdnɪ]	悉尼
Athens ['æθɪnz]	雅典
York [jɔːk]	约克（英国地名）
Berlin [bəː'lɪn]	柏林
Melbourne ['melbən]	墨尔本
London ['lʌndən]	伦敦
Bristol ['brɪstl]	布里斯托
Alaska [ə'læskə]	阿拉斯加
Washington ['wɔʃɪŋtən]	华盛顿

direction [dɪ'rekʃn] *n.* 方向

机经词汇 north [nɔːθ] 北

northern ['nɔːðən] 北方的

south [saʊθ] 南

southern ['sʌðən] 南方的
west [west] 西
western ['westən] 西方的
east [iːst] 东
eastern ['iːstən] 东方的，东部的
southeast 东南
northeast 东北
southwest 西南
northwest 西北

ocean ['əʊʃn] *n.* 洋

机经词汇 Pacific Ocean 太平洋
Atlantic Ocean 大西洋
Indian Ocean 印度洋
Arctic Ocean 北冰洋
Antarctica 南极洲

807最新补充词汇

little-known ['lɪtlnəʊn] *adj.* 不知名的

food processing 食品加工

domestic [də'mestɪk] *adj.* 国内的，家里的

expo=exposition [ˌekspə'zɪʃn] *n.* 博览会

world expo 世博会

nutrition [njuː'trɪʃn] *n.* 营养

promotion [prə'məʊʃn] *n.* 升职

camel ['kæml] *n.* 骆驼

seasonal ['siːzənl] *adj.* 季节的

olive oil 橄榄油

slave [sleɪv] *n.* 奴隶

herd of cattle 牲畜

maturity [mə'tjʊərətɪ] *n.* 成熟

perfume ['pɜːfjuːm] *n.* 香水

workforce ['wɜːkfɔːs] *n.* 劳动力

gallery ['gælərɪ] *n.* 艺术馆

film studio 电影工作室

fire drill 火警演习

morality [mə'rælətɪ] *n.* 士气

pedestrian [pɪ'destrɪən] *n.* 行人

science fiction 科幻

electronic dictionary 电子词典

code [kəʊd] *n.* 密码，代码

powerpoint ['paʊə(r)pɔɪnt] *n.* 投影的文件名

rocket ['rɒkɪt] *n.* 火箭

planet society 行星协会（一个组织的名称）

video signal 录像信号

class representative 班级代表

leak [liːk] *v.* 泄露

freezer ['friːzə(r)] *n.* 冷冻室

ice pack 冰袋